U0104351

張堂錡著

文史哲學術叢刊

黃遵憲及其詩研究

文史哲出版社印行

國立中央圖書館出版品預行編目資料

黃遵憲及其詩研究 / 張堂錡著. -- 初版. --
臺北市 : 文史哲, 民80
面; 公分. -- (文史哲學術叢刊; 2)
參考書目: 面
含索引
ISBN 957-547-079-6 (平裝)

1. (清) 黃遵憲 - 學識 - 中國詩

851.478 80003842

文史哲學術叢刊 ②

黃遵憲及其詩研究

著者：張堂錡
出版者：文史哲出版社
登記證字號：行政院新聞局局版臺業字〇七五五號
發行所：文史哲出版社
印刷者：文史哲出版社
台北市羅斯福路一段七十二巷四號
郵撥〇五一二八八一二彭正雄帳戶
電話：三五一一〇二八
實價新台幣四〇〇元
中華民國八十年十月初版

版權所有・翻印必究

ISBN 957-547-079-6

序

在晚清詩壇，黃遵憲的詩歌創作及文學理論均有可觀之處。《人境廬詩草》被譽爲「詩史」；他所提出的「我手寫我口」主張，也被視爲五四白話文運動的先聲。晚清國事蜩螗之際，他秉持中國傳統知識份子感時憂國、經世濟民的一貫理想，投入外交生涯十餘年，並積極推動湖南新政，取得相當的成就，除此之外，他的可貴之處，也在於能以詩歌爲時代做眞實而動人的見證，一部《人境廬詩草》可說是近代社會的百科全書，集中十九都是孤臣孽子的家國淚。他不僅是優秀的政治家，更是一位傑出的詩人；他的詩，不僅是文學佳構，也是近代史料。因此，其人、其詩實有深入探討的必要與價値。

從黃遵憲的詩歌中，我們可以比較直觀地看到晚清內憂外患、新舊衝突的眞實面貌，藉此也得以看出一名知識份子憂心國事的焦慮徬徨，和尋求救國策略的漫長摸索過程。其所代表的典型形象，至今看來，依然令人感動不已。

論文撰寫期間，承蒙指導老師李瑞騰先生的悉心教誨，這本約十八萬字的論文才得以如期完成；此外，梅新、陳郁夫、張夢機、陳文華、鄭子瑜等諸位先生的提携與指正，以及文史哲出版社彭先生的慨然應允出版，都令我心存感激，在此謹致由衷謝忱。當然，我也必須感謝家人與妻健群的鼓勵、支持，因爲，只有他們的肯於分擔及分享我的辛勞與喜悅，我才能夠在這條路上，始終沒有喪失繼續前進的勇氣與耐心。

民國八十年春**張堂錡**謹識於臺北蘆洲

黃遵憲及其詩研究 目次

序……一
緒論……一
第一節 研究動機……一
第二節 撰寫程序……二
第一章 黃遵憲的生平與時代背景……五
第一節 黃遵憲的生平……五
一、科舉應試時期……六
二、外交僚屬時期……九
三、參加變法時期……一二
四、去職居家時期……一四
第二節 黃遵憲的時代背景……二〇

一、政治思潮：守舊與求新的劇烈衝突……二二
二、社會環境：落後與動亂的交相壓迫……二四
三、學術動向：排斥主觀理論，提倡客觀實踐……二六
四、詩壇趨勢：現實主義與浪漫主義的勃興……二九
第二章　黃遵憲的經世思想……四一
第一節　政治思想……四四
第二節　外交思想……五〇
第三節　經濟思想……五八
第四節　教育思想……六一
第三章　黃遵憲的文學思想……七三
第一節　語言文字問題……七三
第二節　古文、小說見解……七六
第三節　詩歌主張……八〇
一、文學進化，反對摹古……八二
二、革新精神，保存形式……九二
三、正視現實，反映時代……九三

四、重視民歌，不避流俗……九五
第四章　黃遵憲詩的內涵論……一〇五
第一節　題材分類……一〇六
一、客觀景物與主觀心情……一〇七
(一)寫景詩……一〇七
(二)詠物詩……一〇九
(三)行旅詩……一一一
二、歷史現實與自我理想……一一三
(一)紀事詩……一一四
(二)詠史詩……一一七
(三)感懷詩……一一八
三、人我之間的酬酢往來……一二〇
(一)酬贈詩……一二一
(二)思友詩……一二三
(三)送別詩……一二四
(四)閨情詩……一二六

㈤哀輓詩……一二七
四、言行之間的平衡調適……一二八
㈠議論詩……一二九
㈡實用詩……一三〇
第二節　主題呈現……一三二
一、感時憂國的情懷……一三三
二、有志難伸的無奈……一四三
第五章　黃遵憲詩的形式論……一四九
第一節　語言特性……一四九
一、採納方言、俗諺……一五〇
二、運用白話……一五二
三、不避佛家語……一五四
四、以新名詞入詩……一五六
第二節　句法修辭……一五九
一、重疊……一五九
二、重出……一六一

三、疊敘……一六三
四、排比……一六四
五、儷辭……一六五
六、襯映……一六六
七、頂真……一六七
八、比擬……一六八
九、散文化……一七〇
十、用典……一七一
第三節　篇章結構……一七四
一、高遠的視覺角度……一七五
二、敍事觀點靈活……一七六
三、用對比製造張力……一七八
四、層次分明……一七九
五、藉語法重覆以加强效果……一八〇
六、語氣轉折自然……一八一
第四節　整體表現上的特色……一八三

一、意象繁複……一八三
二、色彩鮮明……一九二
第六章　黃遵憲詩的風格論……一九九
第一節　風格的成因……二〇〇
第二節　風格的類型……二〇一
一、雄放勁健……二〇二
二、沈鬱蒼涼……二〇五
三、奇變險峭……二〇八
四、清新柔婉……二一〇
五、閒適恬淡……二一一
結　論——黃遵憲及其詩的評價……二一五
第一節　黃遵憲的歷史地位與影響……二一五
第二節　黃遵憲詩的文學地位與影響……二二一
附錄一：黃遵憲文稿書札新編……二二九
附錄二：黃遵憲詩歌題材分類統計表……二五七
徵引及參考書目……二六一

緒論

第一節　研究動機

晚清七十年間①的政局演變，可用「內憂外患」四字來概括。首先，由於清王室貪污腐敗，懦弱無能，社會經濟疾速崩潰，鴉片流毒遍地，人民要求改革的呼聲四起；而外來的侵略勢力又有增無減，他們覬覦中國領土、廣大市場，介入中國政治的野心日熾，加上緊隨著不平等條約而來的割地、賠款，使得日漸衰頹的清朝國勢雪上加霜。

面臨著中國有史以來未有的巨大變局，當時的知識份子紛紛覺醒②，開始苦思救國良策，以求免遭亡國滅種的命運。這其中，黃遵憲是一個在思想見識、行動實踐上均有貢獻的人物。他根據在日期間深入研究的心得，撰成《日本國志》一書，將日本明治維新的成功經驗有系統地介紹給中國的當政者。由於這部著作的指導，才極爲有效地推動了戊戌維新運動。在湖南推行新政期間，黃遵憲更將其政治理念予以落實，他鼓吹民權，提出地方自治的初步理論，以今日眼光來看，其思想的進步性與前瞻性仍令人訝異。然而，他應有的歷史地位，却往往爲其詩名所掩，因此，本論文希望能在探討作品之前，先研究他的思想與歷史影響，特別是他在經世與文學兩方面的思想及實踐。

至於黃遵憲的詩作，在晚清，乃至中國近代文學史上自有其地位。從古典詩發展到白話詩的過渡階段中，許多詩人有意識地想擺脫固有格律的束縛，探索新時代的藝術風貌，黃遵憲正是其中出色的一位。他能夠敏銳地把握住時代命脈，勇於追索生活前進的真理，批判腐朽朝政、時習和儒學陋規。他的詩作反映了鴉片戰爭以來的重大歷史事件，振聾發聵，力圖挽救國家危亡，一部《人境廬詩草》可說是近代社會的百科全書，集中十九都是孤臣孽子的家國淚。

事實上，不僅是黃遵憲，當時其他的知識份子，如康有爲、梁啓超、譚嗣同等，致力於追求民族前途的愛國熱誠，强烈的憂患意識，及今思之，令人深受感動與啓發。相同的思索，至今並未中止，從一九八八年大陸學者蘇曉康等人所撰寫的《河殤》中，我們仍可窺見一點中國近代知識份子苦思中國未來走向的相似身影。因此，正如溯河源頭般，我決定研究黃遵憲及其詩，做爲透視晚清知識份子與時代對應關係中的一個代表典型。

第二節　撰寫程序

晚清的詩歌創作，是我國詩歌長流中相當特殊的一環。當時的知識份子，人人以救亡圖存爲念，或投身政治活動，或從事闡揚並宣傳政治理論的工作，詩歌創作是他們思索或活動的另一種方式。他們在現實中迭遭挫折，有志難伸，自然以詩歌做爲心靈慰藉的寄託。然而，文學藝術本來就源自於沸騰的現實生活，因此，對應於充滿尖銳矛盾衝突的社會現實，晚清詩歌不論在內涵、形式或風格上，都能表現豐富多變且有新的嘗試。

基於這種體認，本論文在撰寫程序上，首先以論述整個時代背景與黃遵憲個人身世爲重點，讓時代的脈動與詩人生命的轉折有清晰的呈現與對照。第二章經世思想的介紹，則是黃遵憲畢生努力的方向，也是當時許多知識份子共同關懷的焦點，從他經世思想的形成與發展，正可看出變動的時代環境中知識份子的覺醒。由於經世思想的牽動，他在文學思想上也有許多新的試探，第三章即論述他對文學問題的一些獨特見解，尤其是詩歌方面的主張。第四、五兩章探討黃遵憲詩的內涵與形式，其實是順著前一章文學思想中的詩歌主張而來，而這兩章的援例舉證、歸納解析，正是試圖呈現他努力實踐的具體成果。第六章結合前面有關內涵與形式的論析，從整體詩作歸納其詩之風格。以上三章，全就詩議論，以符合本論文專家詩研究的旨趣。最末一章結論，則從其人、其詩兩方面的歷史影響與地位來加以評價，以彰顯本論文研究的價值。

【附　註】

①「晚清」一詞的時間斷限，學界一般多認爲是從鴉片戰爭爆發到辛亥革命成功的這段期間（一八四〇——一九一一），如王爾敏《晚清政治思想史論》、周陽山和楊肅獻合編的《近代中國思想人物

論·晚清思想》、小野川秀美《晚清政治思想研究》、汪榮祖《晚清變法思想論叢》、康來新《晚清小說理論研究》等書，皆以清代最後的七十年間爲研究對象。雖然也有因研究主題的特殊性而縮短期限者，但因黃遵憲一生的活動（一八四二—一九〇五）恰好都在這段時間內，故本論文「晚清」的範疇與上列諸書相同，年限定爲鴉片戰爭以至辛亥革命之間。

② 「知識份子」一詞，是民國以後出現的一個詞彙。至於其定義，尚未達到一種爲學術上共認的界說。本文採用這個名詞，只是習慣的沿用現時共喻的寬泛了解。

第一章　黃遵憲的生平與時代背景

前　言

文學作品是作家表現心境與紀錄時代的媒介，要深入解析作品內層的意涵，對於作家所處的時代環境（共同性）與個人際遇（獨特性）實不可忽視。章學誠《文史通義》〈文德篇〉云：「不知古人之世，不可妄論古人文辭也；知其世矣，不知古人之身處，亦不可遽論其文也。」所言甚是。惟有正確掌握作家的生平事履與時代背景，鑑賞文學作品時，才不會流於個人主觀的美感經驗。黃遵憲詩作大多反映社會現實，爲求知人論世，以下兩節便分別論述其生平與時代背景。

第一節　黃遵憲的生平

黃遵憲，字公度，清宣宗道光二十八年三月二十四日（一八四八年四月二十七日）①生於廣東嘉應州②，別號有觀日道人、東海公、法時尚任齋主人、水蒼雁紅館主人、布袋和尚、公之它、拜鵑人、人境廬主人、老少年國之老少年、嶺東故將軍等多種。十八歲娶葉夫人，有子四人（履端、履和、履剛、履豐）、女二人（當槮、當蓀）。著作有《人境廬詩草》十一卷，凡詩六百四十首；《日本雜事詩》二卷，凡詩二百首；《人境廬集外詩輯》，凡詩二百八十首，其詩共計一千一百二十首③。另有《日本國志》四十卷，及未刊的文稿、書札等④。

做爲一名憂心國事的知識份子，黃遵憲以其個人十餘年觀察西方的珍貴體驗，在晚清那新舊思想衝突劇烈、國族存亡遭受重大壓迫的時代，表現出獨特的政治思想與外交智慧，並且在文學革新的陣營中，成爲旗幟鮮明的「鉅手」⑤。事實上，他的行事與詩作均與那個「天崩地解」（黃宗羲語）的時代緊密結合著，因此，回顧他的一生，等於是重溫一遍中國近代史。

他的一生，按照近人錢仲聯的分法，可分爲四期，頗能呈現出他豐富生命中轉折變化的軌跡，今以此爲準，冠以標目，來說明黃遵憲一生重要的行履事蹟。

一、科舉應試時期（一歲到二十九歲，即道光二十八年到光緒二年，一八四八年到一八七六年）

黃遵憲先世爲客家，業商，家境富饒。同治四年三、四月間，嘉應大饑，米斗至千五百錢，他的祖父允初公與州人設義倉，捐貲煮粥爲賑，全活甚衆。父親黃鴻藻，字硯賓，號逸農，在黃遵憲九歲那年（一八五六）中舉，先後做過戶部主事、廣西思恩府知府等官。據說中法戰爭爆發（一八八四）後，馮子材率軍出鎮南關，大敗法軍，其原因之一是由於糧餉能及時按需供應，這主要是靠黃鴻藻從南寧、梧州兩釐局籌劃調撥所致⑥。黃鴻藻不僅督釐有方，且能注意發展地方經濟，在職期間「辦農桑、修書院，教養兼施，政聲卓著。」⑦而政務之暇，喜以詩文自娛，著有《逸農隨筆》及《二筆》、《三筆》、《四筆》、《五筆》、《思恩雜著》、《退思書屋詩文稿》等書。父親的「政務才能和詩文修養」，對青少年時期的黃遵憲「不無薰陶」⑧。

黃遵憲自幼即接受傳統家庭教育。三歲時，曾祖母李氏對他口授《千家詩》，進行文學啓蒙教育，由於天資聰穎，未幾，全部成誦。四歲入學，塾師爲李伯陶（學源）先生。十歲學爲詩，塾師以嘉應神童蔡蒙吉「一路春鳩啼落花」詩句命題，他的詩有「春從何處去，鳩亦盡情啼」之句，令塾師大爲驚異。次日，塾師又以杜甫「一覽衆山小」詩句命題，黃遵憲破題道：「天下猶爲小，何論眼底山。」這短短十字，充滿氣魄，顯示出他的詩才與志向，因此「鄉里甚推異之」⑨。

黃遵憲從小就有遠大的抱負，想做一番驚天動地的事業。他在〈述懷再呈靄人樵野文〉（卷二）一詩中寫道：「憲也少年時，謂芥拾青紫。五獄填心胸，往往矜爪嘴。」他不願過那種「埋頭破屋」、「皓首窮經」的儒士生活，主張「經世致用」，立志「要搏扶搖羊角直上九萬里」⑩。但是，在封建時代，若不通過科舉途徑，是不可能得到施展抱負的機會，因此，他只得和當時大部分的青年士子一樣，積極參加科考，冀求金榜題名。

二十歲（一八六七），黃遵憲參加院試，中秀才。同年秋天，他到廣州參加鄉試，結果名落孫山。〈榜後〉詩中云：「書在肩挑劍在囊，槐花空作一秋忙。」⑪正是此時心情的寫照。

同治九年，二十三歲的黃遵憲再赴廣州應鄉試，這次仍然落第。在歸家途經香港時，他首次領略了「彈指樓臺現，飛來何處峯」（香港感懷·卷一）的西方文明，然而同時也發現了國土淪喪，「六州誰鑄錯，一慟失燕脂」而悲憤不已。

二十四歲，黃遵憲歲試第一名，補廩膳生。第二年，考取拔貢生，七月時以新科拔貢身分，第三度赴廣州應鄉試，依然敗北。這時的黃遵憲，甚至有投筆從戎的打算。他在〈榜後上余蓉初〉詩中寫道：「又被風吹九下天，神山將近忽迴船……有人用我思投筆，無地求仙且煉丹。平生三戰既三北，頗道文章未足憑。」⑫表達了時運不濟的無奈與憂憤。

雖是科場頻頻失意，但他並未因此稍墜青雲之志，他取閱《萬國公報》及製造局譯刊的書籍，究心時務⑬。在〈和周朗山見贈之作〉（卷一）詩中寫道：「噫嘻乎儒生讀書不識羞，動誇虎頭燕頷徑取萬戶侯。萬戶侯耳豈足道，烏知今日裨瀛大海還有大九州……小技蟲雕羞刻鏤。」由此可看出，他欲圖面向大九州以認識世界，這也是他日後中舉即放棄舉業，選擇隨使外洋的根本原因。

同治十三年，黃遵憲二十七歲，經天津入京應廷試，未售，又寫下「我來仍失志，走問近如何？」（慷慨·卷一）的滿腹牢騷。光緒二年（一八七六），終於考中順天鄉試第一百四十一名舉人，時年已二十九。此時其「親舊師長」，都「望其登進士，入翰林，爲玉堂金馬人物。」⑭然而他卻不如是想。十二月，清廷以翰林院侍講大埔人何如璋爲首任駐日本公使，如璋因「習聞遵憲談時務之言論」，乃商請同行，充使日參贊，遵憲允肯。探究其毅然放棄由科舉步上仕途的夢想，或與其一連串考場失意，憤科舉之「英雄盡入彀，帝王心始快」（雜感·卷一）有關，然更直接的原因，恐是應順天試前客居煙臺時，因中英議約於此，他感懷時局，以「海禁大開，外人足跡如履戶庭，非留心外交，恐難安内」⑮，在這樣的認識與使命感的催促下，他才決定隨何公使出洋。

二、外交僚屬時期（三十歲至四十七歲，即光緒三年到二十年，一八七七年到一八九四年。）

光緒三年（日本明治十年）十一月末，黃遵憲隨何公使覲見日皇，呈遞國書，正式展開其外交僚屬生涯。他在日本四年多，「使館中事，多待決於先生」⑯，積極協助何如璋辦理外交。當日本謀奪琉球時，他爲何使致書清廷總理各國事務衙門，痛陳利害，主張强硬對付，惜清廷疑畏不決，琉球遂被日本夷爲沖繩縣。日本既滅琉球，又覬及朝鮮⑰，俄也欲攫朝鮮爲己有，黃遵憲又代何使上書，請將朝鮮廢爲郡縣，以絕後患，清廷不從。及朝鮮金宏集使日本，他主動籌劃朝鮮自强策略，請其呈交朝鮮國王，建議實行「親中國，結日本，聯美國」的防俄策略⑱。惜其對清廷之建言均未獲採納，導致朝鮮脫離我國而獨立，終且併於日本。

除了幫助外交以外，使事之暇，他也全力研究日本國情，蒐羅資料，學習語言文字。他結交了不少顯貴的朋友，如伊藤博文、榎本武揚、大山巖等。和他時相往來、遊賞賦詩的日人之中，很多是根柢頗佳的漢學家，如淺田惟常、重野安繹、岡千仞、森春濤、森槐南、宮島誠一郎、石川鴻齋、大沼厚、宮本小一、蒲生重章、秋日種樹等人。其他文人學士，執贄求見者，戶外屨滿。於所呈詩文，黃遵憲均悉心指其疵謬，每一篇出，羣焉宗之，可說是日本開國以來所未有⑲。雖然言語不通，但日人多能漢文，彼此往還敍會，大都以筆代舌，故能溝通無礙。其後源桂閣並將筆談紙片裝裱成冊，視爲珍貴史料而收藏紀念⑳。此外，他也爲日本友人的著作題序作跋，深受敬重。

當時日本正當明治維新之初，盛倡民權，黃遵憲初聞頗驚怪，不久取盧梭、孟德斯鳩之說研讀，心志爲之一變，知太平世必在民主㉑，民權思想萌焉。此外，也結交了來遊日本的長洲名士王韜，博訪周諮，談天下事，因而對國際情勢，更爲明瞭。

爲了向國人介紹日本的歷史文化和明治維新實情，他發凡起例，創爲《日本國志》一書，又採舊聞，參新政，取其雜事瑣聞，衍爲小注，寫成《日本雜事詩》七言絕句一百五十四首，呈給總理各國事務衙門。光緒五年七月，總署以同文館聚珍板印行，這是他最早出版的一本著作。

光緒八年，黃遵憲三十五歲，奉命調任駐美國舊金山總領事。在美三年半，正值美人排斥華工，美國國會議決通過限制中國移民條例，華人備受無理虐待，他多方交涉奔走，維護華僑正當利益，並撰〈逐客篇〉（卷四）一詩，抨擊美國之無理背信及清政府的懦弱無能。

原本黃遵憲所撰之《日本國志》已甫創稿本，但至美後，政務靡密，無暇卒業，幾乎中輟㉒。甚至其母吳太夫人歿於梧州，亦因國事靡暇，不克奔喪。

黃遵憲在美時，見官吏之貪詐，政治之穢濁，尤其是在詳細觀察了共和、民主兩黨競選總統的各種弊端後（〈紀事〉·卷四），他不禁「爽然自失，以爲文明大國且然，況民智未開者乎？」㉓

光緒十一年（一八八五）八月，黃遵憲在美領事任滿，解任回國。十月，以木板自刊《日本雜事詩》於梧州。此時因「家居有暇，乃閉門發篋，重事編纂」《日本國志》㉔。光緒十三年五月成書。全書四十卷，十二類，共五十萬言。

這本著作的寫作歷程，「採書至二百餘種，費日力至八九年」㉕，可謂艱難備至，故其〈日本國志凡例〉中指出有「採輯」、「編纂」、「校讎」三難，這「三難」，即使處在交通發達，材料較多，搜輯較易的今天，亦感經營拮据之難，而以百年前之時地環境，能成此空前巨著，實在難能可貴，無怪乎薛福成會歎爲「奇作」㉖。稿本寫成四份：一送總理各國事務衙門、一送李鴻章、一送張之洞，自存一份。

《日本國志》與《日本雜事詩》，是「研究日本之兩巨著」㉗，第一次全面、深入、系統地介紹日本明治維新的歷程與功效，尤其是黃遵憲斷言「日本維新之效成則且霸，而首受其衝者爲吾中國」㉘，其後所言盡驗，更可見其先知之明，這二本書，在近代中日文化交流史上實占有很高的地位。

光緒十四年，黃遵憲攜《日本國志》入京，因賞識他的翁同龢、張樵野方失勢，他不屑屈節降志以干當道，於是鬱鬱在京，賦閒逾年㉙。但是他訪謁顯貴，也結交了不少名士，如文廷式、袁昶、王頌蔚、陳熾、沈曾植、丘逢甲、黃紹箕、許景澄等㉚。尤其是與袁昶最爲投契，因此次年四月，薛福成奉命出使英、法、義、比四國，袁昶便密薦黃遵憲爲駐英二等參贊㉛。因歐洲癘疫流行，延至光緒十六年正月始成行。二月抵巴黎，三月到倫敦，覲見英女王維多利亞於溫則行宮，呈遞國書。

黃遵憲久遊美歐，見歐人之政治學術，竟與日本無大異，因知日本改從西法實行維新之效，觀感思想，爲之稍變，遂取舊作《日本雜事詩》，點竄增損，改訂爲定本二卷㉜。上卷刪二首，增八首；下卷删七首，增四十七首，共有詩二百首㉝。並作序文，由保守咨嗟改爲憧憬維新。再加上觀察英國政體及中央地方分權體制，結合多年來體驗東西各國政制之所得，而認爲中國政體必當法英之立憲共主㉞。這種思想，實已開啓日後在湘舉辦新政之機。

黃遵憲自本年起（四十三歲），始自輯存詩稿，自謂四十以前所作，多隨手散佚，至是憤時勢之不可爲，感身世之不遇，乃始薈萃成編，藉以自娛㉟。

光緒十七年六月，自撰〈入境廬詩草序〉，論作詩之指要，倡言「今之世異於古，今之人亦何必與古人同」，這等於是新詩的宣言。在英國這段期間，是他思想上的一大轉捩點，他在政治上與文學上革新的見解已大致確立㊱。

七月，總理各國事務衙門奏准設立新嘉坡總領事，調黃遵憲充任首任總領事。八月，離英赴任，過法國，登巴黎鐵塔，九月渡蘇彝士河，十月抵達新嘉坡㊲。在總領事三年任內，對於輯和地方、團結自治、防止劫盜、廢除海禁、保護歸僑等，均有重大貢獻，因而地方開發，華僑人數日增，爲英人及地方士紳所敬重㊳。當時歸其監護之地有麻剌甲、檳榔嶼、吉隆、白蠟、柔佛等地，島嶼衆多，分巡費時，加上水土不服，因而患瘧久病。光緒二十年（一八九四），因中日戰事起，清師屢敗，張之洞奉命總督兩江，以籌防需人，電奏調黃遵憲回國。此次回國，同時也是他出使生涯的結束。

三、參加變法時期（四十八歲到五十一歲，即光緒二十一年到二十四年，一八九五年到一八九八年。）

光緒二十年十二月，黃遵憲晤張蔭桓於上海，次年春至江寧謁張之洞，因「昂首足加膝，搖頭而大語」，得罪張之洞，因此未被重用㊴。奉命辦理洋務局教案，大材小用，不勝落寞，有「茫茫人海浮沈處，添得閒鷗又二三」（己亥雜詩・卷九）之慨。三月，中日馬關約成，悲憤時事，作有〈哭威海〉、〈悲平壤〉、〈東溝行〉、〈馬關紀事〉、〈降將軍歌〉等。九月，與康有爲等發起强學會於上海，始識康有爲，朝夕過從，無所不語㊵。不久，京師及上海强學會遭禁，黃遵憲謀再振之，以書招梁啓超至上海，始與啓超交。七月，《時務報》出刊，由汪康年任經理，梁啓超主筆政，宣傳維新變法，翻譯英日外報，銷路甚廣。九月奉旨入覲，光緒問：「泰西政治何以勝中國？」黃遵憲奏曰：「泰西之强，悉由變法。臣在倫敦，聞父老言，百年以前，尚不如中華。」光緒初甚驚訝，旋笑頷之㊶。光緒帝對他所傳達的變法成效顯然極感興趣，十月便派其出使德國。時德人方圖膠州，憚其前來阻止，遂力拒其行，後清廷改派許景澄，黃遵憲只好在京候命㊷。

光緒二十三年（一八九七），由於翁同龢看過《日本國志》，愛黃遵憲之才，遂派其出任湖南長寶鹽法道，後又兼署湖南按察使㊸。時湖南巡撫爲陳寶箴，提學使則前爲江標，後爲徐仁鑄，加上譚嗣同、皮錫瑞等人的參與，新政遂在湖南熱烈展開。黃遵憲「上佐中丞，下聯民意」㊹，一些改革措施「朝設而夕施，綱舉而目張」㊺，如振興南學會，以梁啓超主講時務學堂，公開講學，宣揚民主思想。又辦《湘報》與《湘學報》，倡言改革。其中如保衛局、課吏館、遷善所等，幾乎是他一手策劃負責㊻。黃遵憲更大力抨擊一些陋俗，曾出示禁止女子纏足，比之「劉龔嗜殺，涎蛟而下酒，鬱林取樂，聚蝎以螫人」[47]。在以陳、徐、黃爲首的一羣維新志士推動下，由於「高瞻遠矚，規劃周詳」，不數月而湖南風氣丕變。當時真可謂「湖南之治稱天下」[48]。

次年戊戌（光緒二十四年，一八九八年），光緒帝決意改革，採納康有爲、譚嗣同等建議，在北京熱烈推行變法維新運動。光緒帝曾向翁同龢索《日本國志》[49]，變法期間，此書成爲朝野競讀之書[50]。六月，光緒命黃遵憲以三品京堂充出使日本大臣，並且「三詔敦促，有無論行抵何處，著張之洞、陳寶箴傳令攢程迅速來京之諭」[51]，然因病之故，七月到上海就醫。八月北京政變已作，慈禧太后下令訓政，囚光緒帝，大捕新黨，廢一切新政，殺害譚嗣同、康廣仁、楊銳、林旭、劉光第、楊深秀等「戊戌六君子」[52]，並通緝康有爲、梁啓超。時有奏稱康梁二人尚匿黃遵憲處，太后密電兩江總督查看，上海道蔡鈞派兵圍守，幾遭不測，後因外人營救，且康有爲已在香港[53]，八月二十六夜，遂得旨放歸，免除一切職務，黯然啓程南歸。

四、去職居家時期（五十二歲至五十八歲，即光緒二十五年到三十一年，一八九九年到一九〇五年。）

宛如「驚弦之雁」的黃遵憲回鄉後，修葺「人境廬」，在家講學，閉門不問時事。光緒二十六年，李鴻章督兩廣，屢聘出山，他以事無可爲，一意辭謝[54]。冬，丘逢甲來訪人境廬，二人撫時感事，迭相唱和。次年在家修家譜。八月，李鴻章歿，作〈李肅毅侯挽詩〉（卷十一）四首，指斥其親俄政策，深致諷刺。

黃遵憲晚年，由於愛惜梁啓超之才華横溢，又加上黃、梁二人之見解頗相契合、相知甚深㊺，故彼此間書信往來繁多，這成爲研究其晚年思想最佳的材料。他與梁任公討論學術政治之文，刊於日本《新民叢報》，如反對康有爲將孔子宗教化，認爲「中國之進步，必先以民族主義，繼以立憲政體」，又勸梁氏貢獻心力於教育等，由於議論宏偉，切中時弊，對思想起伏甚大的梁氏，有決定性的影響，康梁師徒的分道揚鑣，黃遵憲思想的影響起過重大作用㊻。

光緒二十九年（一九〇三），黃遵憲年五十六，邀集地方人士設立嘉應興學會議所，並自爲所長；又籌辦東山初級師範學堂，謂先有師範，而後有蒙小學教員。全力投入興學辦校，奠定了州中新教育的始基㊼。三十年春，陰雨連緜，肺病加劇，四月後稍癒。派門人子弟五人往日本留學。冬，有〈病中紀夢述寄梁任父〉詩（卷十一），《人境廬詩草》存詩止於此首。

光緒三十一年正月，久病益萎頓，有書致梁任公論生死，謂「一息尚存，尚有生人應盡之義務」㊽，又寫信給弟遵楷道：「生平懷抱，一事無成，惟古近體詩能自立耳，然亦無用之物，到此已無可望矣。」㊾二月二十三日（一九〇五年三月二十八日）卒於家，享年五十八歲。宣統元年葬於梅南黃居坪之原，梁啓超作墓誌銘紀念。

綜觀黃遵憲的一生，憂心國事，熱愛民族，始終是他短暫生命中永恆關切的主題。早年他把經世的抱負冀望於科舉，然而一連串的失敗打擊，使他灰心失望，也藉此認清八股誤盡天下讀書人的真相。十餘年外交官生涯，是他閱歷大開、思想成熟的關鍵，開眼看世界後的豐富經歷，也是他從事維新變法最大的資本。在湖南推行新政時期，則是他一生最精彩的片段，雖然時間短暫，範圍也嫌狹窄，但卻是他思想結晶的初步實踐，也是他長久以來思索民族前途的心得實驗，雖然最終是失敗了，然而在歷史發展的長流中，其積極正面的作用仍是得到肯定的。當絢爛忽褪，回歸平淡的鄉居時期，表面上他悠遊山水，閉門講學，實際上那顆悲憤的心依然躍動不止，這從他與梁啓超往來十餘萬字的書信中即可看出。

總之，那個滔滔巨變的時代結束了，黃遵憲以他五十八歲的生命和千餘首的詩作，寫下他個人和時代共同的悲劇，也留下了歷史命運無情嘲弄的真實記錄。

【附註】

① 錢仲聯之《黃公度先生年譜》（以下簡稱錢譜）謂生於四月二十七日，但黃遵楷撰《先兄公度先生事實述略》則云三月二十四日，經吳天任考證，實爲陰陽曆之異。

② 民國廢州存縣，嘉應州治即今之梅縣。

③ 黃遵憲全部詩作之數量，筆者係以光緒三十四年長沙富文堂重刊本《日本雜事詩》、民國二十年上海商務印書館之《人境廬詩草》線裝刻本、一九六〇年北京大學中文系近代詩研究小組所編之《人境廬集外詩輯》（後附〈人境廬集外詩輯補遺〉）爲準。其中《人境廬詩草》卷九，雖註明「古今體詩共一百三十六首」，但經查驗各種版本（如河洛、源流、商務、世界版及上海古籍出版社版等

），均只得一百三十五首，不足一首，故一部《人境廬詩草》實得詩六百四十首。何以有此差失，令人費解。

④ 黃遵憲之文稿、書札甚多，經楊天石先生搜羅統計，有一〇三種，編成〈黃遵憲文目初編〉，然內容疏漏多誤，經筆者重新整理，有一〇八種，編成〈黃遵憲文稿書札新編〉，見本論文附錄一。

⑤ 屈向邦《粵東詩話》：「之三子者，皆一時鉅手，而公度爲尤著。」

⑥ 見麥若鵬《黃遵憲傳》，頁三。

⑦ 《光緒嘉應州志》卷十三〈人物志〉。

⑧ 見鄭海麟《黃遵憲與近代中國》，頁二。

⑨ 錢譜咸豐七年條。

⑩ 《人境廬詩草》卷一〈庚午中秋夜始識羅少珊於矮屋中遂偕詩五共登明遠樓看月〉。

⑪ 見《人境廬集外詩輯》，頁二四。

⑫ 《人境廬集外詩輯》，頁三七。

⑬ 見錢譜同治九年條。

⑭ 見錢譜光緒二年條。

⑮ 黃遵楷《先兄公度先生事實述略》。

⑯ 錢譜光緒四年條。

⑰見溫廷敬《茶陽三家文鈔》卷三〈論朝鮮及日本國情書〉。
⑱見鄭海麟《黃遵憲與近代中國》，頁三九。
⑲王韜〈日本雜事詩序〉。
⑳黃遵憲與源桂閣等之筆談遺稿，經由早稻田大學東洋文學研究會整理，於一九六八年五月出版，實爲中日文化交流之重要史料。
㉑見光緒三十年七月四日黃遵憲〈致飲冰室主人手札〉，收於丁文江編《梁任公先生年譜長編初稿》，頁一九五。此外，類似之言，也見於〈東海公來簡〉，收於《新民叢報》第十三號。
㉒見錢譜光緒八年條。
㉓同註㉑。
㉔見〈日本國志自序〉。
㉕薛福成〈日本國志序〉。
㉖同前。
㉗吳天任《黃公度先生傳稿》第七章章目。
㉘梁啓超〈嘉應黃先生墓誌銘〉。
㉙見正先〈黃公度——戊戌維新運動的領袖〉，《逸經》雜誌第十期。
㉚《人境廬詩草》卷六〈歲暮懷人詩〉。

㉛ 薛福成《出使英法義比四國日記》卷一。

㉜ 〈日本雜事詩自序〉。

㉝ 見錢譜光緒十六年條。

㉞ 見光緒二十八年五月〈東海公來簡〉，《新民叢報》第十三號。

㉟ 梁啓超《飲冰室詩話》第三十二則。

㊱ 見梁容若〈黃遵憲評傳〉，收於《文學十家傳》，頁三二九。

㊲ 《人境廬詩草》卷六有〈登巴黎鐵塔〉、〈蘇彝士河〉、〈舟泊波塞是夕大雨蓋六月不雨矣〉等詩。

㊳ 薛福成《出使英法義比四國日記續刻》卷八。

㊴ 康有爲〈黃公度詩集序〉。

㊵ 同註㊴。

㊶ 《人境廬詩草》卷九〈己亥雜詩〉自注。

㊷ 見陳育崧〈黃遵憲使德遭拒始末〉，收於《南洋學報》第十七卷第一期。

㊸ 見《清史稿》本傳。

㊹ 黃遵楷《先兄公度先生事實述略》。

㊺ 梁啓超〈嘉應黃先生墓誌銘〉。

㊻ 見王仲厚〈黃公度詩草外遺著佚聞〉，收於鄭子瑜編《人境廬叢考》。

㊼胡思敬《戊戌履霜錄》。
㊽陳三立〈先府君行狀〉。
㊾見《翁文恭公日記》光緒二十四年正月二十三日日記。
㊿同註㊶。
51同註㊼。
52梁啓超《戊戌政變記》第五篇〈殉難六烈士傳〉。
53見錢譜光緒二十三年條。
54見光緒二十七年黃遵憲〈致陳伯嚴書〉，轉引自錢譜。
55見梁啓超〈嘉應黃先生墓誌銘〉，內云：「國中知君者無若我，知我者無若君。」
56見梁容若〈黃遵憲評傳〉。
57吳譜光緒三十年條。
58見光緒三十一年一月十八日〈致飲冰室主人手札〉。
59黃遵楷跋《人境廬詩草》。

第二節　黃遵憲的時代背景

十九世紀以來，中西接觸頻繁，至道光二十年（一八四〇）之鴉片戰爭，則尤其構成歷史上重大關鍵。自此以後，清朝國勢衰頹，外力衝擊加鉅，至清王朝覆亡爲止的約七十年間，就中華民族之歷史遭遇而言，實爲開天闢地以來所未曾經見之巨大變局。帝國主義之壓迫朘削，不平等條約之束縛，割地賠款之敲骨吸髓，鴉片之流毒遍地，造成了民族存亡的重重危機。而道光二十二年（一八四二）中英江寧條約的簽訂，正好給當時的知識份子（士大夫）憬悟到變局的已然降臨，這一記伴隨著「船堅砲利」的警鐘，敲醒了許多憂心國事的知識份子，他們開始熱心探討，思謀對策。

對十九世紀後半期的中國知識份子而言，鴉片戰爭的刺激，引起了兩種知識方面發展的動向：第一，是對於西方兵船火器的認識，並進而追尋機械火器知識；另一個則是對於異國人物風土的接觸，以及由此而增長域外地理知識的探討。前者可見於一種盛行的「船堅砲利」之說，包括道光皇帝在內，均具備此種觀點①。後者在表面上是向外考察未知的西方世界，吸收更寬廣的地球知識，實際上，卻積極地要求能充實本身的見識能力。換言之，當時中國有少數官紳已存有一種求知的動力，想要認識西方，認識世界。在這羣少數具有先見之明的知識份子中，黃遵憲堪稱是一佼佼者，因爲他不僅是「認識」，而且是「親歷」。

正如當時先進的知識份子一樣，黃遵憲很早就究心時務，洞察世變。從知變到應變，最後不得不「以變應變」走上自强一途，這是整個晚清思想界探索民族前途的過程，而這樣的模式一樣適用於黃遵憲。雖然應變之理念與行動方式有所差異，但其求富求强之目的則一。本節所要探討的，是這「

三千餘年來未之有也」的「中國一大變局」（鄭觀應語），究竟因何而來？以何種面貌而來？至於如何應變，則擬於下章〈黃遵憲的經世思想〉中作抽樣的分析。

一、政治思潮：守舊與求新的劇烈衝突

近代世變，若自傳統歷史經驗體察，則其遭遇頗如春秋戰國之變局。舊制度解體，傳統禮俗崩壞，一切社會秩序顛倒錯亂，而道德規範、價值觀念，也均顯現出新舊脫節現象。更複雜的，是西方勢力之衝擊。因此，近代知識份子在國族何去何從的問題上，面臨了前所未有的徬徨與困惑。從前閉關自守的天朝大門已被轟開，那些「夷」、「戎」，卻挾著科技文明與文化制度排山倒海而來，於是，有人認清世局，力主學習西方，有人則頑强抵抗。在新舊潮流的對峙、前進與保守劇烈衝突中，近代變局的危機應運而生，但同時整個民族發展的生機也含蘊其中，蓄勢待發。

在保守傾向的表現方面，最直接易見之處，是對外族的反應。由於宋、元儒家提倡的結果，以中國爲本位的文化觀念深植人心，這種傳統性格，一旦遭遇外力挑戰，往往形成堅閉固拒的保守動向。如道光二十二年（一八四二），耆英在鴉片戰爭行將結束雙方議和之際，曾奏曰：「如果將來議有成說，奴才等自應會同面見該夷酋，以定大局。」但道光卻誅批曰：「既有成說，總以不會面方好。」②這種徹底斷絕接觸的政策，構成了對外認識的障礙。又如內閣學士文治，其於光緒間爭鐵路疏有云：「聞鐵路而心驚，覩電杆而淚下。」③更是堅僻固陋。而著名理學家倭仁也認爲：「天下之大，不患無才……何必夷人，何必師事夷人。」④其次如葉德輝、王先謙等反對康有爲，攻擊湖南新政，

對黃遵憲「主張民權之説」，表示刻骨之仇恨⑤，還有王闓運認爲「中外之防，自古所嚴」⑥等，都是從保守立場來議論，而這種保守立場的形成，是由傳統性格而來。

從保守固舊到盲目排外，是一種必然的轉變，見火車、輪船、電線、機器則協力以攻毀，視西學爲異端邪説，洋人爲洪水猛獸。這種觀念嚴重發展的結果，是庚子年間，打著「助清滅洋，替天行道」旗幟，假借「神力」，圍攻大使館，殺洋人、燒教堂的義和團之亂，最後訂立了喪權辱國的「辛丑條約」。也因反洋的失敗，這種保守性格中的質素改變了，由排外，到懼外，甚至媚外。

和保守趨勢相反的，是求變求新。這種動機的產生，是在民族存亡的危機意識中醞釀而成。如鄭觀應説：「今之自命正人者，動以不談洋務爲高見，有講求西學者，則斥之曰名教罪人，士林敗類。」⑦對保守勢力展開反擊。而譚嗣同也説：「歐美二洲，以好新而興，日本效之，至變其衣食嗜好。亞非澳三洲，以好古而亡。」⑧表達出强烈的求新意圖。

類似這些講求西學、接受西化的言論，逐漸地凝聚成一股巨大力量，他們開始組織學會，發行報刊，演説討論。要求改革的呼聲最後終於「上達天聽」，光緒二十四年（一八九八）六月，光緒帝頒布「定國是詔」，這是要求改革者一次重大的勝利，只是這場勝利來得快去得也快，「維新運動」在以慈禧爲首的守舊派發動政變下，煙消瓦解。

其實，帝后之爭，就是新舊之爭，這樣的衝突，從鴉片戰爭就已明顯開始，而戊戌維新的失敗也不是結束，其後的立憲與革命之爭，依然重演守舊與求新的衝突。這樣的政治思潮，毫無疑問的，將深深影響當時知識份子的想法與作法。在這種要求革新、向西方學習的思潮中，黃遵憲是一個極具典型的知識份子。

二、社會環境：落後與動亂的交相壓迫

清朝統治權的真正奠立，是在平定三藩之後。十七世紀的八十年代至十八世紀的九十年代，最稱盛世，乾隆一朝又被視爲盛世的顛峯，其實是虛有其表，中葉已漸入衰運。晚期因貪婪黷貨之和珅當政，不僅財政虧空，吏治更爲敗壞，國計民生日益凋零。嘉慶、道光時上下因循欺蒙愈盛，國勢衰退日甚⑨。舉例來說，嘉慶、道光兩朝，叛亂四起，河決頻繁，在在需款，不得不對農民增加額外徵收，而農民收入均來自土地生產。清初全國耕地，約六百餘萬頃，人口約一萬萬，平均每人耕地約五、六畝。乾隆以至道光，耕地約七百萬畝，人口卻增至三、四萬萬，平均每人耕地不足二畝，縱令「竭力耕耘，兼收並穫，欲家室盈寧，必不可得」⑩，加以官吏搜刮，連年飢饉，人民流離，爲了生存，惟有鋌而走險。此外，清朝採取高壓政策，並未使人完全馴服，潛伏的民族意識仍在滋蔓，伺機而動。因此，康熙以後，白蓮教在湖北、四川、河南擴大騷擾⑪，雲南、浙江、福建、台灣的叛亂，爲天地會所領導。甘肅有回亂，貴州、湖南有苗亂。規模最大，爲禍最烈的太平天國之亂，蔓延湖北、四川、陝西、甘肅等省，作亂十餘年，這場「官逼民反」而對抗清政府的行動，使清朝元氣大傷⑫。其後白蓮教的別支天理教，又有一次大舉，黨衆遍佈華北各省。道光時代，天地會及猺、夷、回的擾攘，幾無寧日⑬。

其實，十八世紀後期至十九世紀前期，中國內部動亂不已，即使無外來的衝擊，清廷治權也不易保，一旦西方强敵虎視眈眈時，又如何能抵禦？

動亂的連年不斷之外，晚清社會中尚存在著一些落後的風俗，既腐蝕人心，又戕害國族命脈，其中爲禍最烈的，首推鴉片與纏足。由於西方國家計劃性的傾銷鴉片，造成銀元外流嚴重，國計民生日艱，「上自官府縉紳，下至工、商、優、隸以及婦女、僧、尼、道士，隨在吸食」⑭。這只要從林則徐在「虎門銷煙」時，一共銷毁二萬零二百八十三箱，重達二百三十七萬六千二百五十四斤的鴉片⑮，並且歷時二十二日才處理完畢的浩大工程，即可窺知當時鴉片泛濫之烈。而纏足之不符合天理人性，正如唐才常所言：「天下古今之至不平者，孰有過於此。」⑯黃遵憲與徐仁鑄在湖南發起「不纏足會」，其告示即申明纏足陋習之危害民族及有傷國計之嚴重性：「偏覽六大洲，無茲穢習；傳播四瀛海，流爲陋聲。」⑰又言：「四萬萬人半成無用之物」⑱，最能一語中的。這些陋習與動亂的相結合，事實上已足夠將滿清腐敗王朝推向覆亡的道路。

何況，又有列强帝國主義的侵略瓜分呢？以中日甲午戰爭爲例，甲午戰前，清朝財政原已十分困難⑲，「馬關條約」訂定賠款二萬萬兩，簽訂後的第六天，俄、德、法三國干涉還遼，又增加「酬報費」三千萬兩。如此不斷地割地賠款，加上天災人禍，造成了嚴重的社會與經濟危機，正如華煇所奏：「自各國通商以來，每歲出洋之銀，爲數甚巨，近更通行內地，小民生計，日益艱難。……比年各省遍災，官賑民捐，動逾百萬，而飢寒疾苦顛連溝壑者，仍不可計算。」⑳

綜觀晚清社會困境，內憂外患的相繼壓迫是主要關鍵。人口激增、工業落後、糧食不足，造成飢民四起作亂；纏足、鴉片之陋習，造成民族素質之積弱不振；對外戰爭失敗，鉅額賠款的償還，使得民不聊生，面臨亡國滅種的危機。在這種社會環境的籠罩下，任何一位有良知的知識份子，絕對無法坐視不顧，他們發出沈痛的指責，作大膽而真實的揭露。在其中，黃遵憲一方面以實際行動參與改革，一方面以詩作爲廣大人民代言，表現傑出而且具有成就。

三、學術動向：排斥主觀理論，提倡客觀實踐

清代學術發展的動向，依近人齊思和的說法，有以下三變：

清初諸大儒，多勝國遺老，痛空談之亡國，恨書生之乏術，黜虛崇質，提倡實學。說經者則講求典章名物，聲音訓詁，而厭薄玩弄性靈。講學者亦以篤行實踐為依歸，不喜離事而言理。皆志在講求天下之利病，隱求民族之復興，此學風之一變也。其代表人物為顧炎武先生。至乾嘉之世，清室君有天下，已逾百年，威立而政舉，漢人已安於其治；且文網嚴密，士大夫諱言本朝事。於是學者羣趨於考據一途，為純學術的研究；而聲音訓詁之學，遂突過前代，此學風之再變也。其代表人物為戴東原先生。至道咸以來，變亂叠起，國漸貧弱。學者又好言經世，以圖富強，厭棄考證，以為無用，此學風之三變也。其代表人物為魏默深先生。㉑

這段話已大致將有清三百年間的學術流變作了提綱契領的説明。以下則專就晚清部分加以論述，以明在此講求經世致用、客觀實踐㉒的學術動向下，各脈絡支流的思想學説發展的情況。

梁啟超在《中國近三百年學術史》中曾云：「因政治的劇變，釀成思想的劇變，又因思想的劇變，致釀成政治的劇變，前波後波展轉推盪，至今日而未已。」㉓而近人胡秋原也說：「鴉片戰爭以來，我國思想界問題，直接間接集中於政治。」㉔由於近代中國所遭遇的壓迫與苦難異於以往，因此一些對應時代變動而產生的學術動向，也自然與以前不同。

綜觀晚清學術思想的進展轉變，其原動力顯然來自對西方衝擊之反應與適應。當時的思想觀念無可避免地漸趨西化。而「中國官紳之趨向西化，其核心目標即求國家富强，以爲外交後盾。所以富强之企望爲貫串十九世紀中國思想發展之中心線索，殆無疑問」㉕。要探索富强之道，宋明以來空談心性的王學末流，或者是乾嘉盛行的考證學派，都束手無策，而不得不趨於衰落。取而代之的，是以春秋公羊學各義例爲核心所形成的公羊思想㉖，講究「經世致用」之學。這一派人物，最早出現的是龔自珍和魏源，他們的著述，「給後來光緒初期思想界很大的影響」㉗。而康有爲由於是戊戌變法運動的領導者，一般人都以他爲這種學術思想之代表人物㉘。

康有爲不僅接受和總結了其前驅如林則徐、龔自珍、魏源等人的變法維新的思想，也接受了廖平的常州今文學派所謂的微言大義、託古改制的思想，更重要的，是他接受了西方社會的進化論、民約論、民主議會思想以及初步的自然科學知識。他以此來解釋公羊家「三世」的學說㉙、〈禮運〉大同小康的學說，使「三世」、「大同」的學說，具有推動維新變法的新內容。而「百日維新」，正是他將理論付諸實踐的實驗。

雖然模仿西法已是時勢所趨，但由於傳統思想勢力依然龐大，因此在當時學術界就產生了以下幾種既能遷就舊思想，又不排斥新思想的理論，形成晚清學術發展的特色：

㈠、託古改制論——此一理論的內容，乃利用古代已有之規制來爲西化辯護。基本上附會成分較大。馮桂芬、鄭觀應及康有爲都曾提倡過㉚。

㈡、西學源出中國說——此一理論大致認爲西方知識學問，皆爲中國原來所有，而後輾轉西傳。西人學得，加以發揚，乃變成更精進嚴密的學問。這種思想在晚清，經梁啟超、黃遵憲諸人提倡後，在學術領域中頗能盛極一時，造成墨學在近代一度復興。如黃遵憲在《日本國志》卷三十二〈學術志〉中便說：「余考泰西之學，其源蓋出於墨子。」㉛

㈢、中體西用論——這個名詞的出現頗晚，一八九八年張之洞的〈勸學篇〉㉜，應是最具代表性的著作。「中體西用」的意義重點，在說明中學與西學如何聯屬應用。事實上這已經肯定了西學的價值。京師大學堂和南洋公學在教育制度上採用西方，就是這個理論的實踐。

除了上述三種帶有妥協意味的思想之外，尚有一種較激進的「全盤西化」論，一八九八年戊戌變法期間，湖南部分維新人士，主張全變、速變，其代表者爲樊錐和易鼐。樊錐曾云：「一革從前，搜索無剩，唯泰西者是效。」㉝易鼐亦言：「一切制度，悉從泰西。」㉞此種論調，實開一九三〇年代「全盤西化」論之先河㉟。

整體而言，晚清學術思想的各個流派，在手段上、程度上雖各有不同，但其整體的動向，卻始終以「經世」爲思考的中心，以「富强」爲關懷的重點。因此，龔自珍提倡變革論㊱，「思更法」以救弊；魏源著《海國圖志》，以講求洋務夷情；馮桂芬主張西北種稻，南漕改折銀錢㊲；郭嵩燾留心條約與國際公法㊳；王韜提出軍事改革方案㊴；鄭觀應提倡科學（格致）與民主；張之洞創設新學堂、廢科舉；李鴻章的開通商口岸，建立北洋艦隊；薛福成勤練水師，創開中國鐵路㊵；康有爲、梁啟超領導「公車上書」，在京師推行維新變法，戊戌六君子的協助參與；陳寶箴、黃遵憲之推行湖南新政；章炳麟、鄒容的「蘇報案」；嚴復的翻譯《天演論》等，這些重實用、救存亡的主張或行動，可以說都是在這種學術思想影響下的產物。換言之，當知識份子從漢學、宋學的「網羅」中「衝決」㊶而出，猛然覺悟時，等於也就揭示了一個新時代波瀾壯闊的開始！

四、詩壇趨勢：現實主義與浪漫主義的勃興

晚清的詩壇，以復古派爲重鎮。若按復古對象門徑之不同，又可分爲三派：

㈠數典派——宗元、白、溫、李，以樊增祥、易順鼎爲代表㊷。此派詩人，一生以徵典爲詩，所作詩句，往往令人難以理解，非加註解，不能明白。故陳衍評其詩云：「樊山生平以詩爲茶飯，無日不作，無地不作，所存萬餘首，而遺佚蓋已不少矣。論詩以清新博麗爲主，工於隸事，巧於裁對，見人用眼前習見故實，則曰：此乳臭小人耳。」㊸由此可見其崇古之程度與好事用典的詩風。

㈡摹古派——追步六朝，以王闓運爲代表。他曾論詩說：「作詩必先學五言，五言必讀漢詩，必學魏晉，蓋詩法莫備於魏晉。」㊹又說：「余盡法古人之美，一一而仿之，鎔鑄而出之，功成未至而

謬擬之，必弱必纅，則不成章矣。」㊺一味摹古的結果，是失去自家面目，陳衍評曰：「湘綺五言古，沈酣於漢魏六朝者至深，雜之古人集中直莫能辨，正惟其不能辨，不必其爲湘綺之詩也。」㊻與王闓運同時代的黃遵憲便曾嚴厲批評摹古爲食古不化、拘泥守舊，是視糟粕爲瑰寶，甘心沿習剽竊者㊼。像這樣只知摹擬因襲，著重形式主義的追求，而脫離現實，則其藝術生命力自然枯竭，所以近人劉大杰說他「雖望重一時，實在是一個假古董」㊽。他的一部《湘綺樓詩集》，可以說是無數的摹擬漢魏六朝，而少有社會現實生活的反映。但汪國垣作《光宣詩壇點將錄》，卻以他爲首領，稱他爲「晚主詩壇一世雄」㊾，可見當時詩壇的風氣。

㈢同光體詩人——提倡宋詩，以陳三立、陳衍、沈曾植爲代表。同光體，是晚清詩壇興起的一個主要的文學流派，是「清代宋詩運動的末流」㊿，其具體主張是詩人不必專宗盛唐(51)，特別推崇宋詩，認爲「詩莫盛于三元：上元開元、中元元和、下元元祐」(52)，詩中缺乏時代精神的反映(53)。形式上以澀爲貴，惡熟惡俗，刻意在冷僻的典故和艱澀的字句中去「求新」。主張「詩最患淺俗。何謂淺？人人能道語是也。何謂俗？人人所喜語是也」，結果變得「多拙屈不能誦」(54)。內容上則大多是抒發一己無奈感傷的小我情緒。

同光體包括三個流派，同中有異。一是閩派：以陳衍、鄭孝胥、沈瑜慶、陳寶琛、林旭爲首。這一派的學古方向，溯源韓、孟，於宋人則偏重王安石、梅堯臣、陳師道、陳與義、姜夔等。其詩風以清蒼幽峭、綿麗深遠爲正宗。陳衍除揭櫫「三元」說外，也極力提倡「學人之詩」說(55)，爲同光體詩人抬高地位。二是江西派：這一派大都是江西人，遠承宋代的江西派而來，以黃庭堅爲宗祖，其首領爲陳三立。稍後有夏敬觀，但不學黃庭堅而學梅堯臣。其詩風爲避俗避熟，力求生澀，精於鍊字鍊句[56]。三是浙派：這不是指嘉、道以前的浙派，而是指以沈曾植爲首的浙派。其論詩有「三關」說[57]，是去掉「三元」說的開元，換上了元嘉。主張通經學、玄學、理學以爲詩，在藝術上則力求奇奧[58]。

同光體所以能在晚清詩壇風騷一時，事實上有其積極正面的因素，曾克耑〈論同光體詩〉便曾指出有「把唐詩宋詩一關打通」、「把詩人學人一關打通」、「把作文作詩一關打通」三大成功因素[59]。而時局動亂、政治腐敗、朝官提倡、在野大師倡揚等旁因，更間接促使同光體能稱霸詩壇。

在明瞭當時詩壇的實際情況後，再來看「詩界革命」，比較容易知道它在晚清詩歌發展中所呈現出的進步意義。配合著政治革新的要求，「詩界革命」的出現正是對復古派的直接反擊，在理論上和實踐上，都曾自覺與不自覺地加以批評。如梁啟超就曾指斥「同光體」詩人爲「鸚鵡名士」[60]，並一針見血地論道：「咸、同後競宗宋詩，只益生硬，更無餘味。」[61]明白傳達出他反對詩人缺乏創見，力主詩作應有餘味的態度。

一般來說，當現實處於某種巨大的變革階段，人們不滿現狀，要求改革現存的社會秩序與精神秩序時，文學上就會出現一股積極浪漫主義的趨勢。屬於「詩界革命」這一流派的許多詩人，如譚嗣同、康有爲、黃遵憲等，由於目睹列强侵略與內亂之叠起，使中國政治、社會、經濟及思想都產生空前之劇變，因而他們的詩常常具有豐富的想像、奮發的激情和深沈的思想。如康有爲〈出都留別諸公〉

五首之一：

天龍作騎萬靈從，獨立飛來縹緲峯。
懷抱芳馨蘭一握，縱橫宇合霧千重。
眼中戰國成爭鹿，海內人才孰臥龍。
撫劍長號歸去也，千山風雨嘯清峯。㉒

詩人用浪漫主義的神奇之筆，真實地反映了自己崇高的抱負和哲理的沈思。而黃遵憲更是一位傑出的現實主義詩人，他的詩反映了許多重大歷史事件，如〈馬關紀事〉（卷八）、〈初聞京師義和團事感賦〉（卷十）等，但有些詩也極富積極浪漫主義風格，如〈今別離〉四首（卷六）、〈以蓮菊桃雜供一瓶作歌〉（卷七）等，不僅充滿想像色彩，也賦予詩歌一種新的情態。黃遵憲的詩，證明了在文學上現實主義與積極浪漫主義是可以相互結合的。

康有爲與黃遵憲的詩能在晚清詩界大放異彩，主要就是他們能正視並反映現實，而不是只「以堆積滿紙新名詞爲革命」㉓。尤其是黃遵憲，梁啟超對他極爲推崇，認爲「近世詩人，能鎔鑄新理想以入舊風格者，當推黃公度」㉔。由於梁啟超的大力鼓吹宣傳，「新派詩」便蔚爲一股不可忽視的浪潮衝擊著數典摹古的詩壇。但是梁啟超對當時有些維新詩人徒重形式、忽視內容的傾向也大表不滿，他說：「蓋當時所謂新詩者，頗喜撏撦新名詞以自表異，丙申丁酉間，吾黨數子皆好作此體，提倡之者爲夏穗卿，而復生亦綦嗜之。」㉕並舉譚嗣同之〈金陵聽說法〉詩加以批評㉖，慨言「至今思之，誠可發笑」。這種內部的自我批判和否定，使「詩界革命」脫離了初期的幼稚階段，當黃遵憲「以舊風格含新意境」、「舉革命之實」的詩作出現後，梁啓超便熱烈予以贊揚，認爲「元氣淋漓，卓然稱大家」，並自稱「生平論詩，最傾倒黃公度」㊼，「詩界革命」才因此形成一個嶄新的文學風氣。

綜觀而論，晚清詩壇趨勢約可分爲二：一爲沿襲傳統之舊派詩，雖然各派別專尚各有不同，但其復古觀念則一，重形式雕琢，缺乏時代脈膊跳動之連繫，其中又以同光體勢力最大；另一則爲正視現實、關懷國運、摒棄舊風、競言新體之新派詩，不僅能與時代相呼吸，而且致力於開拓詩界。新派詩所蘊含之現實主義與積極浪漫主義的勃興，在語言、意境及風格上之承繼與創新，對晚清瀰漫形式主義、復古主義的詩壇，是有其積極性的影響，而且對民國白話詩的產生，也起了一定的作用。我們之所以重視「詩界革命」，正是由於它扮演著晚清古典詩與民國白話詩的過渡及催化的角色。黃遵憲，正是帶領著詩壇趨勢向前發展的代表性詩人之一。

【附註】

① 見《籌辦夷務始末・道光朝》。另據王爾敏《中國近代思想史論》頁五八中的統計，道咸兩朝（一八二一——一八六一）中國人士論及西洋船堅砲利者計有道光皇帝等六十六人。

② 《籌辦夷務始末・道光朝》卷五八，頁三三。

③ 《知過軒談屑》，卷二。轉引自王爾敏《中國近代思想史論》，頁一六八。

④《籌辦夷務始末．同治朝》卷四七，頁二四。
⑤見錢譜光緒二十四年條。
⑥王闓運《湘綺樓文集》，卷二。
⑦《譚嗣同全集》，頁三六。
⑧鄭觀應《盛世危言增訂篇》，卷一，頁一三。
⑨傅樂成《中國通史》下册，頁六七五。
⑩轉引自郭廷以《近代中國史綱》，頁一一。
⑪蕭一山《清史》，頁八二。
⑫《劍橋中國史．晚清篇》上册第六章。
⑬孟森《清代史》，頁三四〇。
⑭郭廷以《近代中國史綱》，頁五二。
⑮黃敬華《中國近代史簡編》，頁九。
⑯《湘報類纂》，甲集，卷下，頁二五。
⑰《湘學新報》，第三十二册。
⑱〈禁止纏足告示〉，見《湘報》第五十五號。
⑲「一八九四年甲午戰前，每年進銀爲八千八百九十七萬兩，每年支出亦然，是每年除支出而外，

國家毫無餘積也。」（湯志鈞《戊戌變法史論叢》，頁三一。）

⑳《光緒朝東華續錄》卷一三五，華煇奏。

㉑齊思和〈魏源與晚清學風〉，收於《近代中國思想人物論——晚清思想》，頁一九三。

㉒梁啟超《中國近三百年學術史》指出：「這個時代的學術主潮是：厭倦主觀的冥想，而傾向於客觀的考察。」

㉓梁啟超《中國近三百年學術史》之〈清代學術變遷與政治的影響（下）〉。

㉔胡秋原〈關於「近代中國之西方認識」並論近代中國思想史問題〉，收於《大陸雜誌》三三卷六期。

㉕王爾敏《中國近代思想史論》，頁四八。

㉖孫春在《清末的公羊思想》，頁一。

㉗同註㉓。

㉘黃建斌《清代學術發展史》，頁一〇一。

㉙康有為之三世說，據許冠三〈康南海之三世進化史觀〉所論，乃從何休《公羊解詁》來。查三世之義，其可上溯於《公羊傳》者，僅有「異辭」之文例，即「所見異辭、所傳聞異辭」是也。至董仲舒，異辭之文例兼為義例，然《春秋繁露》亦只言「三等」，而不稱「三世」。直至何休始改「三等」為「三世」，於繼承《傳》文異辭、《繁露》「異情」二義之外，又加上「衰亂」、「升平」、「太平」三世漸次升晉之說。（見隱公元年「公子益師卒」條《傳》文解詁。）至此，「三

世」說才兼含三義：一爲撰述史籍之文例，二爲義例，三爲文治演進之史例。康有爲就是採取最後一義並闡發成文明進化之公例。相關細節可參看孫春在《清末的公羊思想》第四章與盛期。

㉚ 王爾敏《晚清政治思想史論》，頁三一至五〇。

㉛ 黃遵憲針對此點尚多有闡釋：「其謂人人有自主權利，則墨子之尚同也；其謂愛汝鄰如己，則墨子之兼愛也；其謂獨尊上帝保汝靈魂，則墨子之尊天明鬼也；至於機器之精攻守之能，則墨子備攻備突削鳶能飛之緒餘也；而格致之學，無不引其端於墨子經上下篇。」

㉜ 《勸學篇》二卷，見《張文襄公全集》第六冊，卷二〇一——二〇三。

㉝ 《湘報類纂》甲集，卷上，頁三七。樊錐〈開誠篇〉。

㉞ 前揭書，頁四。易鼐〈中國宜以弱爲强說〉。

㉟ 王爾敏《中國近代思想史論》，頁五五。

㊱ 《定庵文集》卷上〈乙丙之際箸議第七〉有言：「一祖之法無不敝，千夫之議無不靡，與其贈來者以勁改革，孰若自改革？」有關其變革思想，可參看何信全〈龔魏的經世思想〉，收於《近代中國思想人物論——晚清思想》書中，頁一七一至一八五。

㊲ 馮桂芬《校邠廬抗議》，卷上，頁二五。

㊳ 郭嵩燾《郭侍郎奏疏》，沈雲龍編，卷十二，頁一二八〇。

㊴ 王韜《弢園尺牘》中此類提議甚多。

㊵ 薛福成《庸盦文編》卷二〈創開中國鐵路議〉。

㊶ 見《譚嗣同全集》卷一之《仁學》自敘。黃遵憲〈致飲冰室主人手札〉中曾言：「吾年十六七始從事於學，謂宋人之義理、漢人之考據，均非孔門之學。」並認爲「均之筐篋物，操此何施設」（《人境廬詩草》卷一〈感懷〉）；梁啟超也認爲「經世致用之學」的精神是「超漢學」、「超宋學」，能令學者對於二百多年的漢宋門戶得一種解放。（《中國近三百年學術史》，頁二九。）

㊷ 參考王聿均〈維新派與晚清文學〉而分三派。

㊸ 陳衍《近代詩鈔》卷中樊增祥條。

㊹ 王闓運《湘綺樓說詩》卷六頁十三，〈論詩示黃謬〉。

㊺ 王闓運《湘綺樓說詩》卷七頁二六，〈論作詩之法〉。

㊻ 陳衍《近代詩鈔》卷上王闓運條。

㊼ 《人境廬詩草》卷一〈雜感〉詩中云：「俗儒好尊古，日日故紙研。六經字所無，不敢入詩篇。古人棄糟粕，見之口流涎。沿習甘剽盜，妄造叢罪愆。」

㊽ 劉大杰《中國文學發展史》，頁一〇二九。

㊾ 原句是「陶堂老去彌之死，晚主詩壇一世雄，得有斯人力復古，公然高詠啟宗風」，引自汪國垣《光宣詩壇點將錄》。

㊿ 呂美生〈試論晚清「詩界革命」的意義〉，收於《中國近代文學論文集‧詩文卷》，頁三九八。

51 陳衍《石遺室詩話》卷一第三條云：「同光體者，余與蘇堪，戲目同、光以來詩人，不專宗盛唐者也。」

52 同前註第四條。

53 雖然同光體詩人的作品中也有一些反映時代之作，但終究是少數。如沈曾植於戊戌時作〈野哭五首〉，是感傷變法失敗，六君子的被殺害；陳三立辛丑時作〈書感〉，是爲八國聯軍進犯京師而抒憤等，這類作品都只佔其詩集中極小的份量。

54 《石遺室詩話》卷二十三。

55 陳衍《近代詩鈔》有「蓋合學人詩人之詩二而一之也」句，另《石遺室詩話》卷十四第六條亦言：「余亦請劍丞（夏敬觀）評余詩，則謂由『學人之詩』作到『詩人之詩』，此許固太過。」

56 王聿均於〈維新派與晚清文學〉文中，只舉江西詩派以代表同光體，失之過簡。

57 沈曾植在〈與金潛廬太守論詩書〉中曾說：「吾嘗謂詩有元祐、元和、元嘉三關，公於前二關，均已通過，但著意通第三關，自有解脫月在。元嘉關如何通法？但將右軍〈蘭亭詩〉與康樂山水詩打開一氣讀。……」錢仲聯在〈論同光體〉文中則將沈氏所論稱爲「三關」說。

58 以上有關同光體三派之敍述，主要參考錢仲聯〈論同光體〉及易君左〈清末民初中國詩壇（上）〉二文，其間參差相異處，則斟酌他書改寫。

59 見《文學世界》第二十三期。另楊淙銘君在《石遺室詩話研究》論文中，則改標以「不强分唐詩、宋詩」、「合學人之詩、詩人之詩」、「詩文一理」之目，意思則完全相同。

㊿⁰ 梁啟超〈夏威夷遊記〉。

61 梁啟超《清代學術概論》三十一。

62 見《南海先生詩集》之〈汗漫舫詩集〉，頁二十一。

63 梁啟超《飲冰室詩話》第六三則。

64 前揭書第四則。

65 前揭書第六十則。

66 此詩云：「綱倫慘以喀私德，法會盛於巴力門。」喀私德即 Caste 之譯音，指印度分人爲等級之制也。巴力門即 Parliament 之譯音，英國議院之名也。這種只是摻入新名詞的作法，梁氏不認爲就是新派詩。

67 梁啟超《飲冰室詩話》第八則。

第二章　黃遵憲的經世思想

前　言

章太炎在〈與鄭實書〉中曾指出：「公度喜言經世」，這句話正好提供了研究黃遵憲經世思想的一條線索①。他的經世思想是他學術思想蘊釀後的必然產物。這一點，首先可以從他在一九〇二年四月寫給梁啓超的信中得到證明，他說：「吾年十六、七始從事於學，謂宋人之義理、漢人之考據，均非孔門之學。」另外在〈感懷〉（卷一）詩中說：「均之筐篋物，操此何施設」，可見他對當時佔據主流地位的宋人義理和漢學考據是採否定態度的。同時他也明確地提出「識時貴知今，通情貴閱世」的觀點，表示要走出書齋，面向社會，決心踏上經世致用之途。

經世思想在晚清是一股勢力龐大的潮流，除了黃遵憲，王韜、康有爲、梁啓超等人也都有這種思想。何以當時這一羣知識份子會產生這種思想呢？除了前一章在「學術動向」部分針對整個大時代的思想潮流加以探討外，其具體的淵源，可從梁啓超的一段話中獲得解釋：

凡大思想家所留下話，雖或在當時不發生效力，然那話灌輸到國民的「下意識」裏，碰著機緣，便會復活，而且其力極猛。清初幾位大師——實即殘明遺老——黃梨洲、顧亭林、朱舜水、王船山之流，他們許多話，在過去二百多年間，大家熟視無覩，到這時忽然像電氣一般把許多青年的心弦震得直跳，他們所提倡的「經世致用之學」……到這時讀起來，覺得句句親切有味……驀地把二百年麻木過去的民族意識覺醒過來……②

這說明經世思想在晚清的復活，並且蔚爲風尚，是受到清初幾位啓蒙家的學說所影響。近人鄭海麟爲研究黃遵憲早年的學術淵源，曾親訪其故居梅縣人境廬，披覽所藏的八千册書。然後他獲得如下的推論：

公度早年所讀之書有《日知錄》、《天下郡國利病書》、《黃梨洲全集》、《船山遺書》、《船山詩草》等，其中許多地方還經公度朱筆圈點。據此，我結合黃遵憲的《日本國志》以及湖南南學會議講義等文常引顧炎武的言論，推斷黃氏早年所治之學當是顧炎武、黃宗義、王夫之的經世之學。③

這段話恰可與梁氏之言相互印證。以下試舉例以明之。

顧炎武非常反對當時文人信古非今的摹仿陋習，而提倡學貴獨創。他說：「近代文章之病，全在摹仿，即使逼肖古人，已非極詣，況遺其神理而得其皮毛者乎？」④他批評友人的詩文說：「君詩之病，在於有杜；君文之病，在於有韓、歐。有此蹊徑於胸中，便終身不脫依傍二字。」⑤而黃遵憲早年寫的〈雜感〉詩，正是繼承顧炎武以降的思想觀點。他反對「六經字所無，不敢入詩篇」的腐儒，正是反對他們摹仿前人和信古非今的陋習。他提出「我手寫我口」，更是顧炎武學貴獨創思想的進一步發揮。

至於黃宗羲《明夷待訪錄》中，公然攻擊舊有封建君主制度，如〈原君〉說：「爲天下之大害者，君而已矣！」黃遵憲對這篇文章極爲推崇，認爲「梨洲之〈原君〉，固由其卓超過人之識，然亦由遭遇世變，奇寃深憤，迫而出此也。每讀其書，未嘗不念環祭獄門，錐刺獄卒時也」⑥。此文激起黃遵憲異代同時之慨，對他的言論驚嘆叫絕，這正好說明二人反對封建君主專制是一脈相承的。而王夫之〈思問錄外篇〉所說：「吳、楚、閩、越，漢以前夷也，而今爲文教之藪。」⑦這種社會進化的觀點，實在與黃遵憲蒙光緒帝召見時的答辭：「臣在倫敦，聞父老言，百年以前，尚不如中華。」⑧有異曲同工之妙。

因爲接受這些清初大儒「經世致用」思想的影響，又面對著西方列强入侵中國這一「五千年來未有之創局」（曾紀澤語）的社會現實，黃遵憲決心不做只知埋頭書屋空談心性的儒生，因而走上爲民族存亡努力尋求救國救民真理的道路。雖然，隨著往後的歷練見聞與時勢變遷，他的經世途徑與方法不斷修正，但其基本上的經世動機與信念，卻未曾動搖。

以下就分別從政治、外交、經濟、教育四方面來探討黃遵憲的經世思想，這四方面是他一生關注與活動的重心，也是他生命價值充分發揮的所在。由於他的經世主張與實踐，使他不僅在文學史上是一位傑出的詩人，同時也成爲近代中國一位具影響力的先進思想家與政治活動家。

第一節 政治思想

黃遵憲的政治思想萌芽甚早，在光緒二年（一八七六）所寫的詩中就有「到此法不變，終難興英賢」的看法⑨，光緒二十八年（一九〇二）十一月致梁啓超書中也回憶道：「自吾少時，絕無求富貴之心，而頗有樹勳名之念。……蓋其志在變法，在民權。」⑩由於自少年時代就抱定經世的志向，因此在目覩世變、遊歷外邦的過程中，他很自然地去思考並逐漸形成自己對政治的理念與看法。這些意見大都具體地呈現在他的《日本國志》、南學會講義及致梁啓超書中。

終其一生，黃遵憲的思想有兩大轉折：一是光緒三年至八年，隨何如璋出使日本，擔任駐日使館參贊之時；一是光緒十六年至十七年，隨薛福成出使歐洲，爲駐英使館參贊之時。

在日期間，他深入觀察日本的政情、社會、風俗，當時他看到日本的進步，對某些維新的政策很贊賞，但是態度上依然保守，以「西學源自中國」的理論來自圓其說，如作詩云：「削木能飛詡鵲靈，備梯堅守習羊羚。不知盡是東來法，欲廢儒書讀墨經。」⑪及至閱歷日深，聞見日廣，始意識到日本求變的正確性，所以日後著《日本國志》，便完全採取維新的立場⑫。

黃遵憲在日本最深刻的印象，莫過於民主思潮的刺激。他說：「當明治十三、四年，初見盧騷、孟德斯鳩之書，輒心醉其說，謂太平世必在民主國無疑也。」⑬當時他認爲民主制度是人類最好的制度，但是當他調離日本，出任駐美國舊金山總領事，三年之後，他改變了此一看法。他說：「既留美三載，乃知共和政體萬不可施之於今日之吾國。」黃遵憲在舊金山的第二年(光緒十年，一八八四)，因見美國兩黨競選總統時的不擇手段，弊端百出，而認爲民主制度有很大的缺點。

出使日本，是他對西法啓蒙的開始，透過日本仿西法的新政，他開始認識到西方有很多優良的制度，而出使美國，則使他的思想有所修正。因此，中國究竟要採何種政治制度，在出使日美期間，似乎是「搖擺不定」的⑭。但是，光緒十六年的出使歐洲，卻是他思想上的另一個轉捩點。他細心觀察英國的社會，嘆服英人之議會成就，認爲「君民共主」是盡善盡美的制度，並且重新肯定日本的維新變法⑮。從此，他的政治思想臻於成熟。他說：「僕仍欲奉主權以開民智，分官權以保民生，及其成功，則君權民權，兩得其中。僕終守此說不變。」⑯換言之，他只從改良立憲方面去思考中國之出路，並不贊成激烈的革命，他說：「由野蠻而文明，世界之進步，必積漸而至，實不能躐等而進，一蹴而幾也。」⑰認爲「以如此無權利思想，無政府思想，無國家思想之民，而率之以冒險進取，聳之以破壞主義，譬如八九歲幼童，授以利刃，其不自引刀自戕者幾希！」並表明自己「平生所最希望，專欲尊主權而導民權，以爲其勢較順，其事稍易」。直到一九〇五年逝世前幾天寫給梁啓超的信中，還不忘重申這種主張，他寫道：「今日當道，實既絕望，吾輩終不能視死不救，吾以爲當避其名(指革命)而行其實。」⑱

探究黃遵憲一生在政治立場上始終採取溫和的「君主立憲」制，而不贊同用革命手段，除了他個人傳統士大夫的階級限制外，光緒帝特殊的知遇之恩，應是極重要的關鍵。光緒二十三年九月，他奉旨入覲，本應由吏部帶領引見，但光緒卻下特旨召見，並且對他的回答「初甚驚訝，旋笑頷之」。這「天顏一笑」，宛如一道緊箍咒，緊緊地繫住了他日後政治思想的發展。晚年所寫的〈己亥雜詩〉（卷九）中仍念念不忘道：「堯天到此日方中，萬國强由法變通。驚喜天顏微一笑，百年前亦與華同。」又說：「三詔嚴催倍道馳，霸朝一集感恩知。病中泣讀維新詔，深恨鋒車就召遲。」對光緒的贊賞《日本國志》，派令出使日本，並有無論行抵何處，著張之洞、陳寶箴傳令攢程迅速來京之諭等恩遇，他銘記不忘。因此，他始終希望光緒帝能復辟⑲，「一有機會，投袂起矣」⑳。

其實，黃遵憲會有此思想，正如張朋園所說：「黃氏所未能見及的地方，似乎也是士大夫階層的普遍孤陋現象，在此亦勿庸深責黃氏一人了。」㉑以他身處的時代，能有一些進步的觀念已屬難得，實不必作求全之責㉒。

近人研究黃遵憲，强爲他晚年的政治觀點辯護，說他後來已有革命排滿的傾向，如吳天任舉〈病中紀夢述寄梁任父〉（卷十一）詩中之「我慚加富洱，子慕瑪志尼。與子平生願，終難償所期」，又引光緒二十八年黃遵憲寫給梁啓超信中所言：「再閱數年，嘉富洱變爲瑪志尼，吾亦不敢知也。」而斷言：「益見先生晚年，亦已蘊蓄革命排滿思想矣。」㉓王瑤甚至認爲他從光緒二十八年起，就「已堅決主張推翻滿清了」㉔。

其實，這些說法都有待商榷。王瑤之論，任訪秋先生已爲文駁斥㉕，在此不擬贅言。至於吳天任的說法，事實上「所持論據多係個人的推測，是完全不符合黃當時的思想實際的」㉖。首先，黃遵憲在光緒二十八年以後所提出的一些主張，仍是如嘉富洱般支持君主立憲，而非按瑪志尼的方式要求以武裝激烈的手段來進行革命，而且細尋〈病中紀夢述寄梁任父〉之詩意，主要是回顧自己與梁啓超的友情，抒發對維新變法失敗的慨嘆和對時局的憂慮，並且流露出對在急劇發展之中的革命形勢的彷徨和苦悶的心情。這才是其中心意旨所在。黃遵憲的「慚」，梁啓超的「慕」，正是彷徨與苦悶的心情寫照。而且在「我慚嘉富洱，子慕瑪志尼」句之前，黃遵憲尚掛念著「將下布憲詔，太阿知在誰」，這就說明「君主立憲」一直是他矢志不變的政治理想。也許，若能再活幾年，讓他「再閱數年」，可能會真的成爲「瑪志尼」，但這已是不可驗證的推測了。

總之，黃遵憲的政治思想有其進步的成份，卻也有時代的局限性，惟有將其納入整個時代環境中去評量，才不致失之偏頗，褒貶太過。他的政治思想能在當時及後代備受重視，甚至影響深遠，自然有其卓越的識見，以下試舉數例來加以說明。

一、官制改革

在《日本國志》的兩卷〈職官志〉中，黃遵憲用了大量的篇幅敍述明治維新以來的官制改革。其中〈職官志二〉曾將「維新以來，設官分職……分條臚舉，其仿照西法爲舊制所無者，特加詳焉」，表現出對官制改革的高度重視。在他看來，日本改革的順利進行，是得力於一系列的官制改革措施。所以，中國的變法，首先應學習日本，從官制改革下手。而日本明治初年仿照西方國家的三權分立制所設立的「三職制」㉗，黃遵憲極爲贊賞，認爲「議政官有議定、參與，議長皆主立政；行政官有輔有相，皆主行政」的三權分立制是最理想的政治制度。緣於這種體認，日後在湖南推行新政時，他設立「課吏館」，培訓官吏處理事務的能力與才幹㉘。

二、議會制度

早期改良主義者如鄭觀應、陳熾、陳虬等，都曾嚮往過西方的議會制度，並極力美化西方議院㉙。但黃遵憲在觀察日本府縣議會制度後，雖然也贊美說：「府縣會議之制，仿於泰西，以公國事而伸民權，意甚美也。」㉚但他也看出一些弊端，如府縣會之所議，專在籌地方之稅，以供府縣之用，而籌稅之權，完全操縱在官吏手中。據此，他指出：「故議會者，設法之至巧者也。」㉛可見他對日本的府縣議會制度雖表推崇，但並非全盤肯定，而是採取客觀的態度去評判。後來他對英國君主立憲政體做了認真的考察，對英國政府政令由上、下議院議決後施行的制度留下深刻的印象。基於這種認識，他在湖南推行新政時的重要措施之一，就是組織南學會，並且使之成爲新政的議事機關。南學會在新政中多少起著地方議會的作用。誠如皮錫瑞所言：「予以爲諸公意，蓋不在講學，實是議院，而不便明言，姑以講堂爲名。」㉜梁啓超論及南學會的宗旨時也說：「設會之議，將會南部諸省志士，聯爲一氣，相與講愛國之理，求救亡之法，而先從湖南一省做起，實兼學會與地方議會之規模。」㉝

三、法治思想

在《日本國志》卷二十七〈刑法志一〉的「外史氏曰」裏，黃遵憲批評中國封建士大夫好談古治，動輒以「欲挽末俗而趨古風」自命，指出他們「所重在道德，遂以刑法爲卑卑無足道」，這種重「德治」而輕「法治」的觀點，是不符合社會發展規律的。他通過考察日本、美國的法律制度，得出西方國家立法精神可歸納爲「權限」二字。所謂「權」，即人權，按他的解釋是「人無論尊卑，事無論大小，悉予之權，以使之無抑」；所謂「限」，即人人必須克己以奉法，只有人人守法，才有可能使人人受到法律的保護，也就是他所說的「復立之限，以使之無縱」。做到以上兩點，才能使「全國上下同受治於法律之中」。他並且結論道：「余觀歐美大小諸國，無論君主、君民共主，一言以蔽之，曰：『以法治國而已矣！』」㉞緣於對法治思想的深刻認識，戊戌變法期間，黃遵憲與汪康年、梁啓超在上海創辦《時務報》，他就力主用西方民主共和國的法治原則管理報館，主張定館中章程（立法），實行法治。在湖南推行新政時，他主持創辦保衞局，曾親擬〈保衞局章程〉四十四條，規定局中無論何人，必須按章程行事，否則依法懲處㉟。這些都可看出他具有很强的法治觀念。而與他同時代的改良主義者，無論鄭觀應、王韜、陳熾等，在他們的著作中，都很少注意到西方國家的立法制度，可見注重法治的思想，是他變法思想中的一大特點，也是他比同時代人更多更深刻地了解西方制度的地方。

四、民權自由思想

黃遵憲對於日本的民權自由運動，是做過認真考察的。初到日本時，日本民權之說正盛，他初聞頗驚怪，「既而取盧梭、孟德斯鳩之說讀之，心志爲之一變，知太平世必在民主也」㊱。對「自由」，他也有自己的一套見解，他說：「自由者，不爲人所拘束之義也。其意謂人各有身，身各自由。爲上者不能壓抑之，束縛之也。」㊲由於具有這種思想，所以在湖南推行新政時設立了「不纏足會」，他以按察史身份，多次發布告示和批文，嚴禁婦女纏足。在《湘報》第二十八號發表的湖南開辦不纏足會董事題目中，黃遵憲列名榜首。在《湘報》五十三、五十五號上，他都撰文抨擊纏足一事，貽害無窮，「反復千餘言，詞旨朗然可誦」㊳，表達他對婦女遭受痛苦和恥辱的同情，這比秋瑾的言論要早出許多㊴。

以上所述黃遵憲的政治思想與實踐，只是舉其犖犖大者，事實上，他還有許多在當時極具「先見之明」的看法，例如在南學會演講中提出地方自治和「合羣」的理論即是㊵。綜論其政治思想，使日和使英是兩大轉捩點，已如前述，其中又以在英期間最重要，可以這麼說，他在英國找到了自己政治思想的最後歸宿，認爲中國政體，「當以英吉利爲師」㊶，他去世前一年寫信給梁啓超時曾言：「自是以往，守漸進主義，以立憲爲歸宿」㊷。他這套根據英國君主立憲政體建立起來的改良主義政治理論，隨後在參加變法維新活動中不斷修正並趨於成熟，在湖南積極付諸實踐。直到生命的最後，他仿效英國君主立憲思想，依然沒有改變。

第二節　外交思想

黃遵憲是清朝第一任出使日本外交官之一，也是晚清少數親歷外國的知識份子之一，他在十餘年外交折衝生涯中，努力爭取海外僑民的利益，挽回民族利權，成就斐然，雖然他許多極富見地的主張，未爲清廷當道接受，但歷史發展的事實，卻證明了黃遵憲在外交上的確具有過人的卓識。從他的外交思想和作爲中，我們不難看出晚清知識份子憂心國事的積極心態和無奈的悲憤。以下按時間的先後，分別探討黃遵憲的外交思想與成就。

一、琉球三策

當何如璋、黃遵憲等以和平友好的使者來到日本後不久，就碰到近代中日關係啓衅之端——琉球問題的交涉。當時正在大力革新的日本，爲尋求工業資源與商品市場，採取了擴張侵略政策。最引人注目的是，軍國主義者制定了一套所謂的「大陸政策」，確定五個侵略步驟：第一期征服中國的臺灣，第二期征服朝鮮，第三期征服中國的滿蒙地區，第四期征服中國內地，第五期征服世界㊸。基於這套策略，日本對外擴張的第一個目標就是吞併琉球和侵占臺灣。一八七五年，日本政府派遣熊本鎮台率兵進駐琉球，同時向琉球發布命令：禁止入貢中國、不准接受中國册封、琉球今後與中國的貿易和交涉概由日本外務省管轄等㊹。這一道命令，揭開了中日琉球交涉爭端的帷幕。

事實上，當日本野心甫露時，任駐日使館參贊的黃遵憲，就曾警告中國的當政者：「日本維新之效成則且霸，而首先受其衝者爲吾中國。」㊺然後，在「必先審勢而後可以言理」的認識下，他替何如璋上書總署，分析日本國內情勢，認爲此時的日本，無論在經濟或軍事方面，與我國目前的力量相較，「其不能用兵，更甚於我」㊻。如我能堅持强硬手段，彼必爲我所屈。接著，他又向總署提出警告說：「日本今日滅球矣，明日且及朝鮮，欲必未厭也，其勢且將及我。」㊼於是，他提出解決琉球問題的上中下三策：

為今之計，一面辯論，一面遣兵船責問琉球，征其貢使，陰示日本以必爭，則東人氣懾，其事易成，此上策也。據理以爭，止之不聽，約球人以必救，使抗東人，日若攻球，我出偏師應之，內外夾攻，破日必矣。東人受創，和議自成，此中策也。言之不聽，時復言之，或復言之，或援公法，邀各使評之，日人自知理屈，球人僥倖圖存，此下策也。㊽

黃遵憲的意圖，是希望清廷採用他的上中兩策，對日堅持强硬態度，在外交上爭取主動權，及時阻止日本的擴張計劃。可見他琉球三策，實具有深遠的戰略意義。可惜李鴻章並未採納㊾，導致琉球被日本吞併並改爲沖繩縣。痛心的黃遵憲寫了〈流求歌〉（卷三）記述此事，表達出對清廷軟弱無能的控訴。

琉球被滅，是我國喪失藩屬之始，做爲何如璋的得力助手，黃遵憲在這一場關鍵的交涉中，實居重要作用，他所表現出的愛國思想與外交遠見，是值得充分肯定的。

二、朝鮮策略

光緒六年（一八八〇），朝鮮政府派遣修信使金宏集率一使團赴日訪問。極度關懷朝鮮前途的黃遵憲主動前往拜訪，然後，金宏集又回訪中國使館，並與黃遵憲詳細討論當時的國際情勢及朝鮮問題。會談期間，他告訴金宏集：當今世界發生的變化，爲以往四千年所未有，即使堯、舜、禹亦未曾夢見，若按古聖賢之方決不能藥今病。他希望金宏集能認清世界潮流，適應形勢之發展變化。他進一步說：拒絕與西方國家通商是時代錯誤，世界的潮流已變，朝鮮必須與西方列强簽訂友好條約，否則西方列强將派遣遠征軍，用武力迫使朝鮮簽訂不平等條約。事後，更託金宏集將《朝鮮策略》呈交朝鮮國王㊿。

在《朝鮮策略》中，黃遵憲指出朝鮮的危機來自日本和俄國的擴張侵略，其中尤以俄國的侵略最具威脅，爲了防止這種危險，他首先闡述「朝鮮今日之急務，莫急於防俄」的觀點，接著便提出他的防俄之策：「親中國、結日本、聯美國」。「親中國」的目的，乃是要「將以往在華夷名分秩序下的清、朝宗屬關係在近代國際法（萬國公法）下進一步加以確定」[51]，以便對付日本力圖將朝鮮獨立於中國之外而加以佔領的陰謀。「結日本」的目的，是因爲黃遵憲認爲，無論中日朝那一國，都同樣會遭到西方列强的武力叩關，到時將被迫簽訂不平等條約，爲改變這種被壓迫的狀況，中日朝三國必須結成聯盟，協力同心，共同對抗西方列强，特別是沙俄的侵略，以保自身的安全與亞洲的和平穩定。「聯美國」一策，是黃遵憲認爲朝鮮那時最應積極從事而不容猶豫的事。他認爲「在西方列强中，美國是唯一沒有領土擴張野心的國家」[52]，如果能將列强勢力引入朝鮮，借以牽制俄國，就可防俄之吞噬。

而在勸朝鮮「親中國」之際，他也爲清廷擬訂上中下三策來保護朝鮮：上策是「於朝鮮設駐札辦事大臣」，由中國主持其內政外交；中策是「遣一幹練明白能悉外交利害之員，代爲主持結約」；下策則是「飭令朝鮮國王與他國結約」時，須「於條約開端聲明，茲朝鮮國奉中國政府命願與某某國結約云云」，以明大義㊸。可惜這三策，李鴻章在光緒六年十一月二十二日致總署函中，一一加以否決㊹。

黃遵憲這種處處從亞洲全局的角度去看問題和思考策略的外交思想，鮮明地反映出他的中日朝三國聯盟以拒俄的外交觀點，充分表現出做爲一位有遠見的外交家的戰略眼光。因此日本人曾發表議論說：「論黃某之官職，不如李鴻章遠甚，而李鴻章之識見，又不如黃某遠甚。雖然，我日本五尺童子，早經知之。惜乎！堂堂大國，至今僅有一人，而又未必其果能見諸施行也。」㊺這段話無疑是對黃遵憲外交眼光與才幹的肯定。

三、控駁《新例》，保護華僑

光緒八年（一八八二）春，黃遵憲奉命前往美國舊金山任總領事。當時的美國正展開强烈的排華運動㊻。他一到任，立即展開抵制行動，保護華僑。具有種族思想的美國官員根據《排華法案》（亦叫《新例》）第六條「華商須憑執照方准入境」的條文㊼，常常藉此留難華商。黃遵憲得知此事後，立即電告鄭藻如欽使，要求與美方交涉，指出《新例》乃禁華工而非華商。並且向美國當局提出訴訟，指出《新例》第六條不符合《中美續修條約》的精神和內容㊽。他一方面和律師共同研究，一方面爭取美國正直官員的支持，在他的努力下，控駁《新例》的訴訟終於獲勝。在這場攸關華商在美利益的官司中，黃遵憲始終竭盡全力，據理力爭。他在上鄭欽使的禀文中曾說：「訟而不勝，不過仍照《新例》，無照不許上岸；訟而獲勝，則或借判詞以駁《新例》，以後不須持照，大可爲商人開一方便之門。」59

雖然，做爲腐敗滿清的總領事，在美國是不可能有多大作爲，他所做的一些工作，也不可能從根本上解決旅美華人的痛苦，但他還是儘可能在自己權力範圍内維護旅美華僑的利益。例如，《排華法案》頒行後，舊金山市政當局對華人施以種種苛例，其中有所謂「方尺空氣」（Cubic Air）的法例，由加州州議會通過。法例規定每人臥室，須有五百方尺空氣，違者屋主處以五百元以下罰款，或兼受監禁，房客則處以五十元以下罰款。而旅美華工大都窮苦，往往數十人聚居斗室。美吏以住房狹仄，居住過密，違反「方尺空氣」法例爲由，將華僑罰款入獄。黃遵憲洞悉其情，某日堅邀美吏同往獄中，看到數十華人囚禁在一小房内，遂依據「方尺空氣」法例，要求給予每一華人一所須有五百方尺空氣的囚房。美吏大慚，無詞以對，只好被迫釋放在押華僑，此後即將「方尺空氣」法例廢除60。事後，華僑對此非常感激。這也可看出他的外交手腕極爲靈活。

四、奏開海禁，嚴禁虐待歸僑

黃遵憲於一八九一年十一月抵達新嘉坡，接任總領事，這是他脫離倫敦沉悶生活後，一次足以發揮外交長才的機會。到任後，他隨即詳察南洋各島情形，查訪僑民疾苦，向薛福成作詳細報告。接著即著手從事改善僑胞待遇的工作。當時在新嘉坡一帶華人聚居的地方，英殖民者還設有「華民政務司」，專管華人往來及一切事務。然而華民政務司「名爲護衛華人，實則事事與華人爲難」61，一些華僑稍有積產，往往被他們勾結當地流氓惡棍勒索敲榨。黃遵憲獲悉後，積極交涉，要求總督施密司，在白蠟、石蘭峨等華僑聚居之地，將大清律例中有關財產各條抄出，並譯成英文，交各處承審官，一例遵辦，以保護華僑的財產62。這種在殖民主義者實施治外法權的形勢下，採用中國法律保護華人的例子，在當時堪稱創舉。

此外，康熙五十六年（一七一七）頒布的「海禁條例」，造成許多出洋謀生的僑民不敢回國。一些歸僑，不是被誣罪下獄，就是遭搶劫殺害。對此，黃遵憲表示極大的憤慨，他在〈番客篇〉（卷七）裏寫道：

曾有和蘭客，攜歸百囊橐。
眈眈虎視者，伸手不能攫。
誣以通番罪，公然論首惡。
國初海禁嚴，立意比驅鰐。
借端累無辜，此事實大錯。

經他上書薛福成，請代爲奏開海禁，並不斷地努力後，清政府終於在一八九三年九月十三日「下諭准華僑歸國，並嚴禁唆擾勒索等弊」，施行近二百年的「禁海令」才廢止。有人稱譽此舉乃「中國保護歸僑之首倡」，爲「公度先生在總領事任內最值得紀念之政績」63。

五、主持蘇杭兩地談判

「馬關條約」簽訂後，准開沙市、重慶、蘇州、杭州爲通商口岸，中日雙方進行具體的交涉。黃遵憲被南洋大臣劉坤一委派主持蘇杭兩地談判事宜。他的談判對手是日本著名外交家珍田舍己。針對日本的無理要挾，他毫不示弱，一面拒絕珍田的要求，一面援引「馬關條約」條文，提出「新約所評，只許通商，查遍中文、日文、英文，並無許以蘇州讓給一地，聽日本政府自行管理之語」[64]，有力駁斥珍田所謂專界專管的無理要求。

然而，無能的清政府經不起日本的武力威脅，終於還是屈服，黃遵憲幾個月來的努力遂成泡影。對此，梁啓超後來感慨地評論道：「使先生之志得行，則此後中國雖實行門戶開放主義可也。」[65]蘇杭交涉後不久，他便積極地投身於維新變法的政治活動，結束了歷時十四、五年的外交生涯。

六、外交辦事經驗的總結報告

結束外交生涯，黃遵憲將他十幾年來辦理外交事務的經驗總結寫成〈上某星使論外交家盡職書〉[66]，這是一篇極爲難得的外交理論文書，從中不難發現他的外交理念與談判技巧。他認爲外交家辦事宜有三條重要法則：一是「挪展」之法，如談判時希望有八成進展，就先聲明要達到十成收穫才可，以使對方有商議的空間；二是「漸展」之法，不求速進，能進一寸就進一寸；三是「抵制」之法，如甲事有益於彼，則另尋有益於我的乙事，以便要求相互酬報，如甲事不便於我，則另尋他事不便於彼以相互牽制。這三條法則，實在是外交談判的藝術。

然後，他又進一步闡述道：「以固執己見，則諉以彼國未明我意；於爭執己權，則托以我國願同協辦；於要求己利，則謬謂兩國均有利益。不斥彼之説爲無理，而指爲難行；不以我之説爲必行，而請其酌度。」最後他提出在態度上應做到「將之以誠懇，濟之以堅貞，守之以含忍」。不論交涉手段爲何，最終是要達到使「吾民受護商之益」。

此篇所闡述的許多談判藝術，對於今日從事外交活動的人仍不失其指導意義。若說黃遵憲是「晚清唯一能將處理外交事務經驗上升爲理論的一位外交官」㊼，實不爲過。

第三節　經濟思想

黃遵憲的經濟思想，大都紀錄在《日本國志》中，該書專門討論經濟問題的就有〈食貨志〉六卷，其次如〈職官志〉、〈物產志〉、〈工藝志〉等也都在不同程度上涉及到經濟問題。由此可看出他對經濟問題的重視。現將其經濟思想概述如下。

一、發展生產

黃遵憲認爲，一個國家要求富强，首先必須致力於生產。而中國歷代「亂之所由生」，都是因爲人口與土地分配問題没有處理好所引起的。因此，他建議清政府，學習歐美日本各國「移民墾闢」的方法，「悉驅游民，使治曠土……廣興農桑」，這才是提高生產力最有效的方法。其次，他還提出「羣工衆商」的方法，以解決地少人多的矛盾。所謂「羣工衆商」，即是開採礦藏、獎勵「工藝」、發展商務。他舉例說：「歐羅巴全洲之境，不及我國，而其民善於工商，無所不至。」因此，他得出結論說：「羣工衆商，皆利之府。」⑱

在開採礦山方面，他主張利用西方先進科技，也大力鼓吹修建鐵路，因爲運輸關係到整個國民經濟的發展，也就是商品的生產、流通交換問題。在〈物產志〉中，他還列舉了各種有益於促進國民經濟發展的「殖產之方」，如設立農業、商業和工業學校，研究、翻譯和宣傳介紹外國的新方法和新技術，設立獎勵改進產品的博覽會等，都可看出他的「富國」思想。這與同時代的一些改良主義者大致相同⑲。

二、改革稅制

在提出增加生產的同時，黃遵憲也提出租稅改革的問題。他認爲，維持一個國家的管理，必須依靠財政收入，而財政的來源靠稅收，〈食貨志〉中說：「故欲以一國之財治一國之事，舍租稅之外更無他法。」既然稅收是國家財政收入的唯一來源，那麼，只要能做到取之於民，用之於民，對國家財政實行有效管理，能夠這樣，「非惟無害，而損富以益貧，調盈以劑虛，蓋又有利存焉」，顯然主張實行合理徵收和使用，而且不妨課以重稅。因爲西方國家之所以國富兵强，在於「其歲入租稅至七千萬磅之多」。他認爲「假使中國歲入得有此數……即鐵甲輪路，一切富强之具，咄嗟而辦，亦復何難」。

他的觀點，與其他改良派有明顯的不同，無論是馮桂芬、王韜、鄭觀應，或是後來的康有爲，他們都主張「薄賦稅」、「節用」和力主裁釐⑳。但黃遵憲卻不贊成。他認爲政府的好壞不是取決於課稅之輕重，而在於稅收的使用是否適宜。平心而論，他的理論是正確的，只是在晚清戰爭連年、人口激增、穀物欠收的情況下，人民如何交得起重稅？貪污腐敗的滿清官僚體系，是否會取之於民，用之於民？這都是值得懷疑的。

三、改革幣制

黃遵憲指出，爲促進商品的交換和流通，國家必須發行和使用紙幣。他已經認識到從金屬貨幣到紙幣是貨幣史上的進步。他同時指出，紙幣的發行必須依據國家庫存的金銀銅總額的價值，否則將造成通貨膨脹。此外，他也看出銀行在貨幣改革中所佔的決定性角色，他說：「銀行者，集貲爲商會，歐洲各國莫不有之。凡金銀兌換交匯、借貸、寄頓，皆銀行司理。國家每總其利權而稽其出入，蓋貨財以流通爲貴，設銀行以資周轉，俾之無壅無匱，亦裕國便民之一事也。」⑪

黃遵憲總結日本明治維新的經驗而提出的貨幣改革制度的建議，對康有爲爲推行改革籌備足夠資金而建議清朝設立國家銀行、發行紙幣，應有直接的影響⑫。

四、振興民族資本主義經濟

黃遵憲是一位較早認識到振興商務、發展民族經濟的改良主義者。他在光緒八年（一八八二）十二月三十日的〈上鄭欽使書〉中，就曾針對鴉片戰爭後中國金銀大量外流的情形慨歎地說：「嘗讀《海關輸出入册》，見中國溢出金銀，歲近二千萬，常謂必須以國家全力保持商務，而後乃能國不患貧，平生志願，區區在斯。」這種試圖通過振興商務以致富的思想觀點，在《日本國志》〈食貨志〉中得到了充分的發揮。

他曾向清政府提出以發展經濟來抵抗外國商品大量輸入的經濟侵略的三條策略：一是「欲我國之產品，廣輸於人國，則日討國人以訓農、以惠工，於是有生財之道」，二是「欲我國所需，悉出於我國，不必需者，禁之絕之，必需者移種以植之，效法以制之，於是乎有抵御之術」，三是「欲他國之產勿入於我國，則重徵進口貨稅，使物價翔貴，人無所利，於是乎有保護之法」⑬。這種加强本國產品的競爭力，盡量使本國產品能滿足本國市場的需要，並通過加重進口稅來限制外國商品輸入的措施，正好表達出他有關對外貿易的態度。

以上是黃遵憲幾項重要的經濟思想，我們可以看出，後來維新運動中一些變法條文，正是取自黃遵憲有關經濟改革的理論。他這些經濟主張的提出，雖然是總結介紹日本明治維新的經驗，但真正的目的卻是希望清廷能採納實行，以提昇民族工商業的進步發展。從這個角度來看，他的經濟思想背後，實有其一貫深厚的愛國情懷的。

第四節　教育思想

黃遵憲雖然没有被人稱爲教育家，但他十分重視教育，而且在這方面費了不少心力。除了黃遵憲，晚清許多知識份子也都重視教育的改革，如戊戌變法期間，梁啓超極力鼓吹「變法之本，在育人才；人才之興，在開學校；學校之立，在變科舉……」⑭，康有爲也反覆勸說光緒「廣開學校以養人才」、「近採日本以定學制」，這些改革觀念可能都來自黃遵憲《日本國志》⑮。

黃遵憲教育改革思想的形成，主要是來自對於日本明治維新時學制的深入觀察。在〈學術志〉中，他詳細記述日本在學制頒布後實行的情形。從小學、中學、師範學校到專門學校⑯，是屬於「實業教育」範圍，這是日本實行「文明開化」政策的基礎，透過教育，爲日本近代化培養大量的科學技術人才。此外還有高級的大學教育，專門爲政府重要部門培養主管人才。學業優秀者選送外國以官費留學。還有一系列的配合政策，如「書籍館」、「博物館」、「新聞紙」的設立與發行等。由於日本明治政府的銳意革新，「西學有蒸蒸日上之勢」。而黃遵憲之所以作如此全面的介紹，其目的乃是希望中國加以取法，廢除科舉制度，開辦新式學校，培養科學文化人才，以便進行改革。當黃遵憲用日本仿習西學的改革策略，對中國的教育體制現況加以檢驗後，立刻發現問題叢生。光緒二十八年五月，他在給梁啓超的信中痛論當時學校的弊端⑰，其中正顯示出他對教育革新的主張：

一、重視基礎教育

他說：「吾以爲所重在蒙學校小學校中學校，而彼輩棄而不講，反重大學校。」這種知所先後的卓見，在當時是難能可貴的。他甚至親自寫了〈幼稚園上學歌〉、〈小學校學生相和歌〉，可見其重視之程度。

二、培養通才爲主

他說：「吾以爲所重在普通學……使人人能通普通之學，然後乃能立國，乃能興學，而彼輩反重專門學。」這並非反對專門之學的研究，而是在當時民智未開的情況下，强調普通之學較有其實用性，若一般知識水準不提昇，倡言專門之學是本末倒置的。光緒二十五年，黃遵憲家居講學，便將學科分爲掌故、生理衞生、經學、史學、格致五門，其目的就是希望能培養通才。

三、注重師資養成

他說：「吾以爲非有師範學堂，則學校不能興。」因爲有這種教育思想，所以當他結束政治生涯，將救國的信念改從教育著手後，他就邀集地方士紳設立嘉應興學會議所，並籌備東山師範學堂，又派門人楊惟徽等赴日本習速成師範科，以充師資。

四、編寫教科書

他說：「吾以爲非有教科書，則學校不能興。」因爲梁啓超的文字富有吸引力，足以左右讀者思想，所以他力勸梁啓超從事教科書的編寫工作㊆。他認爲可將五經四書「擇其切於日用，近於時務者，分類編輯爲小學中學書」。

五、提倡科學教育

他說：「然則聲光化電醫算諸學，將棄之如遺乎？」親歷過西方科學文明洗禮的黃遵憲，晚年鄉居，除訓育子弟外，經常瀏覽漢譯聲光電化生物生理諸學，更邀請梅州黃塘樂育醫院的外籍醫生來講解人體構造，解剖猪羊雞犬，以供實驗。由此可見其提倡科學精神之一端。

六、實施補習教育

黃遵憲「又慮年稍長者，無地就學，則設補習學堂；慮僻處下邑，聞見錮蔽，則設講習所」⑲，這是針對失學者與不便入學者的補救措施，顯示其思慮之周詳。

由以上的分析可知，黃遵憲之教育主旨，重在國民德智體羣各育之發展，而這又必須靠內容豐富的教科書與優良的師資才行。從改善教科書與師資下手，以今日教育的眼光來看，依然是顛撲不破的真理。而提倡科學與通才教育，不僅與晚清的時代潮流相結合，而且對開啓民智有積極的正面作用。他這些精闢的論述與見解，至今仍然有值得借鑒之處。而他能將自己的教育思想付諸實踐，創校興學，這種勇氣與見識更令人敬佩。雖然他的教育思想，或有不足之處，但在當時實有很大的進步意義。我們在稱揚黃遵憲精彩的政治、外交、文學生命的光芒外，對他在教育上所起的一些影響，實在不應忽視。

【附　註】

① 湯志鈞編《章太炎政論選集》，北京中華書局出版。
② 《中國近三百年學術史》四〈清代學術變遷與政治的影響（下）〉。
③ 鄭海麟《黃遵憲與近代中國》，頁十。
④ 《日知錄》卷十九〈文人摹仿之病〉。

⑤《亭林文集》卷四〈與人書〉十九。收於《亭林詩文集》頁一一五，四部叢刊集部。

⑥〈致飮冰室主人手札〉，光緒二十八年八月二十二日。見吳譜，頁一七五。

⑦《歷代哲學文選（清代近代）》，頁五七。

⑧錢譜光緒二十二年條。

⑨《人境廬詩草》卷二〈述懷再呈靄人樵野丈〉。

⑩〈致飮冰室主人手札〉，見錢譜光緒二十八年條。

⑪《日本雜事詩》卷一。

⑫〈日本雜事詩自序〉云：「及閱歷日深，聞見日拓，頗悉窮變通久之理，乃信其改從西法，革故取新，卓然能自樹立，故所作《日本國志》序論，往往與詩意相乖背。」

⑬〈致飮冰室主人手札〉，光緒三十年七月四日。吳譜，頁二一七。

⑭張朋園〈黃遵憲的政治思想及其對梁啓超的影響〉

⑮黃遵憲在光緒十六年重新改訂《日本雜事詩》，在其自序中對於他自身思想上的轉變有詳盡之說明。他說：「久而遊美洲，見歐人，其政治學術，竟與日本無大異。今年日本已開議院矣，進步之速，爲古今萬國所未有。」

⑯〈東海公來簡〉，光緒二十八年五月。《新民叢報》第十三號。

⑰〈水蒼雁紅館主人來簡〉，光緒二十八年七月。《新民叢報》第二十四號。

⑱〈致飲冰室主人手札〉，光緒三十一年一月十八日。錢譜光緒三十一年條。
⑲這只要從〈庚子元旦〉、〈聞駐驛太原〉等詩中即可看出。
⑳〈致飲冰室主人手札〉，光緒二十八年十一月一日。吳譜，頁一八六。
㉑同註⑭。
㉒左舜生〈黃遵憲其人及其詩〉中曾言：「不幸公度只活到五十八歲便死了，假定活到六十五歲以上，他一定會贊助辛亥革命；假定他能活到七十五歲以上，他一定會參加五四運動；這是從他那種熱烈蓬勃的性格，和敏銳透徹的思想，可以深信不疑的。」見《中國近代史話初集》，頁一二二。
㉓吳天任《黃公度先生傳稿》，頁五九二。
㉔王瑤〈晚清詩人黃遵憲〉，《人民文學》一九五一年六月號。
㉕任訪秋〈對於「晚清詩人黃遵憲」的意見〉，《人民文學》一九五二年一月號。但任氏之言也有詩大，編按已詳加說明。
㉖任訪秋《中國近代文學作家論》，頁四六。
㉗《日本國志》〈職官志二〉：「丁卯，太政復古，盡廢舊稱……設總裁、議定、參與之職。明治元年戊辰正月，以三職統八課。八課者，曰總裁、曰神祇事務、曰內國事務、曰外國事務、曰海陸軍務、曰會計事務、曰刑法事務、曰制度事務。」

㉘ 如〈黃公度廉訪會籌課吏館詳文〉中指出：「時事當需才之秋，朝廷已深知不學無術之弊，若統全省官吏而課之，推科舉之變革，宏課吏之規模，教於未用之先，詢以方用之事。察吏之外，兼以所學之淺深，課其政之殿最。」見《湘報》第十一號。

㉙ 如鄭觀應在《盛世危言》〈議會〉中說：「議院者，公議政事之院也，集衆思、廣衆益，用人行政，一秉至公，法誠良，意誠美。」陳熾在《庸書》〈議院〉中則言：「泰西議院之法……合君民爲一體，通上下爲一心……莫善於此。」這些意見均表達出對議會制度的高度推崇。

㉚ 《日本國志》〈職官志二〉「府縣」條。

㉛ 同前註。

㉜ 皮錫瑞《師伏堂未刊日記》，戊戌正月二十五日。轉引自鄭海麟《黃遵憲與近代中國》，頁四二一。

㉝ 梁啓超《戊戌政變記》附錄二〈湖南廣東情形〉，頁三五。

㉞ 《日本國志》卷二七〈刑法志一〉。

㉟ 〈湖南保衛局章程〉中有一條載：「凡議事均以人數之多寡，定事之從違，議定必須遵行，章程苟有不善，可以隨時商請再議，局中無論何人，苟不遵章，一經議事紳商查明，立即撤換。」見《湘報》第七號。

㊱ 〈東海公來簡〉，載《新民叢報》第十三號。亦見錢譜光緒四年條。

㊲ 《日本國志》卷三七〈禮俗志四〉「社會」條。

㊳ 胡思敬《戊戌履霜錄》卷四〈黨人列傳‧黃遵憲〉。

㊴ 秋瑾的詩歌，大體可以光緒二十九年（一九〇三）入京爲界，分爲前後兩期。前期作品多爲詠花、贈答、思親、述懷之作；後期開始充滿悲憤，投身革命，積極鼓吹女權，如〈勉女權歌〉、長篇彈詞〈精衞石〉等均爲此類作品，而黃遵憲在光緒二十四年（一八九八）即已大力提倡女權。

㊵ 〈黃公度廉訪南學會第一二次講義〉，載《湘報》第五號。

㊶ 〈致飲冰室主人手札〉，光緒二十八年十一月。吳譜頁一九八。

㊷ 同註⑬。

㊸ 見萬峯、沈才彬編《日本近現代史講座》第十講，頁一七七。

㊹ 見《近代中國史事日誌‧清季》光緒元年條，郭廷以編著。

㊺ 梁啓超〈嘉應黃先生墓誌銘〉。

㊻ 溫廷敬《茶陽三家文鈔》卷二〈何如璋與總署辯論琉球事書〉。

㊼ 前揭書卷二〈何如璋與總署辯論朝鮮事及日本國情書〉。

㊽ 同註㊻。

㊾ 《李文忠公全書‧譯署函稿》卷八載有李鴻章回復何如璋函，內云：「中國受琉球朝貢，本無大利……，若再以威力相角，爭小國區區之貢，務虛名而勤遠略，非惟不暇，亦且無謂。」

㊿ 見鄭海麟《黃遵憲與近代中國》，頁五一。

51 前揭書，頁四十。

52 前揭書，頁四四。

53 《清季中日韓關係史料》第二卷第四三九——四四二頁。

54 見註50，頁四一。

55 黃遵楷《先兄公度先生事實述略》，見《人境廬集外詩輯・附錄三》，頁一一二。

56 光緒六年（一八八〇年），美國政府派遣代表來華，與清廷代表寶鋆、李鴻藻商議改訂《蒲安臣條約》（即中美續修條約八條），這爲美國制定排華政策奠定法律依據。隨後，美國國會根據這一修訂條約，於一八八二年通過了一個停止華工入美二十年（後改爲十年）的《排華法案》，公布之後，在美國迅速掀起一股排華的浪潮，是爲「排華運動」。

57 見《飲冰室合集》之專集第五册《新大陸遊記節錄》附錄一「記華工禁約」，頁一八九。

58 一八六八年，美國與清政府簽訂《蒲安臣條約》，該約第五款規定：「大清國與大美國切念人民前往各國，或願常住入籍，或隨時來往，總聽其自便，不得禁阻爲是。」此外還答應入美華人與白人享有同等權利（第六款）。《條約》的目的，顯然是爲了招募華工赴美，以解決國內勞動力不足的問題。

59 黃遵憲〈上鄭欽使第二十號〉。

60 見《清史稿》本傳及梁啓超〈嘉應黃先生墓誌銘〉。另吳譜根據黃延楷《豈凡隨筆》，對此事有較詳細的說明。頁四二。

⑥1 高維廉〈黃公度先生就任新嘉坡總領事考〉，載鄭子瑜編《人境廬叢考》。

⑥2 薛福成《出使日記續刻》卷，光緒十九年六月初六日日記，見《出使英法義比四國日記》，頁七九七。

⑥3 同註⑥1。

⑥4 黃遵楷《先兄公度先生事實述略》

⑥5 《飲冰室詩話》，頁一〇四。

⑥6 黃遵楷《先兄公度先生事實述略》，收於《人境廬集外詩輯．附錄三》，頁一二九——一三〇。

⑥7 鄭海麟《黃遵憲與近代中國》，頁三八三。

⑥8 以上理論與舉證俱見《日本國志》卷十五〈食貨志一〉。

⑥9 如王韜在《弢園文錄外編》〈興利〉中也把開礦、紡織、造船、築鐵路看作富强之本。他說：「利之最先者曰開礦，而其大者有三：一曰掘煤之利……一曰開五金之利……其次曰紡紝之利……此外則一曰造輪船之利……一曰與築輪車鐵路之利。」

⑦0 如馮桂芬在《校邠廬抗議》〈節經費議〉中便提出應節約國家經費的建議。王韜在《弢園文錄外編》〈除弊〉中亦提出類似的觀念，並有「撤釐金」一項。鄭觀應在《盛世危言》〈稅則〉中提出：「爲今之計，不如裁撤釐金，加徵關稅。」康有爲在戊戌年七月上有《奏請裁撤釐金折》(鄭海麟《黃遵憲

與近代中國》，頁二五三）。
⑪《日本國志》卷十九〈食貨志五〉。
⑫如康有爲在〈上清帝第六書〉中云：「且我民窮國匱，新政何以舉行，聞日本之變法也，先行紙幣，立銀行，財源通流，遂以足維新之用。今宜大籌數萬萬之款，立局以造紙幣，各省分設銀行。」這一條建議與《日本國志》如出一轍。
⑬〈食貨志六〉。
⑭梁啓超〈論變法不知本源之害〉，見《飲冰室合集》之文集第一册《變法通議》，頁八。
⑮康有爲〈請開學校折〉。
⑯《日本國志》卷三十二〈學術志一〉：「有小學校，其學科曰讀書、曰習字、曰算術、曰地理、曰歷史……」、「有中學校，其學科亦如小學，而習其等級之高者，術藝之精者。」、「有師範學校，則所以養成教員，以期廣益者也。」、「有專門學校，則所以研究學術，以期專精者。」
⑰〈東海公來簡〉，《新民叢報》第十三號。
⑱〈致飲冰室主人手札〉中有言：「吾有一三十年故友，謂公之文『有大吸引力……蓋如率傀儡之絲，左之右之，惟公言是聽。』吾極贊其言，更望公降心抑志，編定小學教科書，以惠我中國，牖我小民也。」見吳天任《黃公度先生傳稿》，頁二五四。
⑲見錢譜光緒二十九年條。

第三章　黃遵憲的文學思想

前　言

相對於經世思想上的求新求變，黃遵憲在文學思想上也積極要求推陳出新。不論在根本的語言、文字問題，或是古文、小說、詩歌等不同文類，他都賦予熱情的觀照，並深入思索。雖然在思考文學問題上所達到的深度與廣度都嫌不足，但他的一些想法，不僅影響當時主要的文學運動倡導者梁啓超，甚至也對日本文人產生一些啓發作用，即使以今日的眼光去加以審視，他一部分的思考方向仍然正確無誤。

隨著文稿書札的相繼問世，研究者的日增，他爲詩名所掩的文學思想也逐漸被重視。以下試著從他發表過的言論加以探討，藉以呈現出他完整而豐富的文學思想。

第一節　語言、文字問題

黃遵憲在駐日期間，認真考察日本的語言文字，發現日本假名文字的優點，在於能夠讓語言與文字相結合①，使一般人民易於吸收文化知識，而中國的語言與文字相差太遠，漢字難認難寫，人民學文化受教育較困難，因此，他認爲必須要改革中國的文體和文字才行。在《日本國志》〈學術志二〉的「文學總論」中，他一開頭就指出：「文字者，語言之所從出也。」就這一點說，語言文字應該一致，但是「語言有隨地而異焉，有隨時而異焉；而文字不能因時而增益，畫地而施行。言有萬變而文止一種，則語言與文字離矣」。然後他又指出：「泰西論者，謂五部洲中，以中國文字爲最古，學中國文字爲最難，亦謂語言文字之不相合也。」雖然中國文字與語言相離，幾千年來愈離愈遠，但是從歷史發展趨勢來看，由於「增益之字，積世愈多」，其字體也無可避免地將「愈趨於簡，愈趨於便」。他認爲這是一條必然規律，所以他說宋元以來，「若小說家言，更有直用方言以筆之於書，則語言文字幾幾乎復合矣」。此外，他又認爲言、文的分合，會直接影響到社會的進步、文學的發展，因爲「語言文字離，則通文者少；語言文字合，則通文者多」。在歐洲歷史上，古羅馬時代，通行拉丁語，言文分離，後來，「法國易以法音，英國易以英音」，使語言文字相合，才有力地促使社會進步與文學發展。因此，他提議要創造一種「明白曉暢，務其達意」、「適用於今，通行於俗」的新文體，以便「令天下之農工商賈婦女幼稚，皆能通文字之用」，這可以說是黃遵憲對文字革新建立系統化理論的起步。後來在光緒二十七年寫的〈梅水詩傳序〉中，他又再度闡發這種觀點：

余聞之陳蘭甫先生謂，客人語言，證之周德清中原音韻無不合。余嘗以為客人者，中原之舊族，三代之遺民，蓋考之於語言文字，益信其不誣也。……嘉道之間，文物最盛，幾於人人能為詩，置之吳越齊魯之間，實無愧色，豈非語言與文字合，易於通文之明效大驗乎？

這切身的體驗，使他對創造新文字、文體的作用有了進一步認識。到光緒二十八年（一九〇二），黃遵憲在給嚴復的一封信中，終於較明確地提出他自己設想的具體改革方案：「第一爲造新字」②，其方法有假借（如耶穌二字本爲華文所無，假借七日復蘇之義而得）、附會（有音無字，故擇其音近者相附會，如比丘是從芯蒭而來）、謰語（本不相比附的字，沿習而用之，如佛經中的「慈悲」）、還音（直接用其音翻譯，如波羅密般若）、兩合（同音異字，相互通用，如閼氏、焉支互通，冒頓、墨特互通）等。「第二爲變文體」，其方法有跳行上、括弧、最數（指數目字一二三四等）、夾註、倒裝語、自問自答、附表附圖等，有的是符號變化，有的是修辭運用，名爲「變文體」，實際上範圍仍嫌狹隘。

雖然黃遵憲並未提出「白話文」一詞，但在近代文學史上，他應該算是較早的白話文理論先驅。他所提出的革新方案雖只限於形式上小幅度的改變，而未觸及到文體本身的徹底改變，但正因爲有這一思想的萌芽，才給後來的五四新文化運動開啓道路，就這一啓蒙意義而言，可說是黃遵憲在文學理論上的一項貢獻。

第二節　古文、小說見解

在晚清文界革新的思潮中，即使是維新派內部的意見也並不一致。以嚴復爲代表的一派，只主張改變舊內容，宣傳新思想，而保存舊形式，使用舊語言，甚至認爲愈古愈好。在翻譯理論上，嚴復提出「信、達、雅」三條原則③。這三原則並無可非議之處，只是他將「雅」解釋爲「用漢以前字法句法」，反對「用近世利俗文字」，這就引起了反對復古的梁啓超、黃遵憲等人的不滿。

梁啓超在一九〇二年嚴復所譯英人亞當斯密的《原富》問世後，曾在《新民叢報》上加以推薦，稱許他「於西學中學皆爲我國第一流人物」，但同時他也批評這部譯著「文筆太務淵雅，刻意摹效先秦文體，非多讀古書之人，一繙殆難索解。」然後又指出「文界之宜革命久矣。……況此等學理邃賾之書，非以流暢銳達之筆行之，安能使學童受其益乎？著譯之業，將以播文明思想於國民也，非爲藏山不朽之名譽也。文人結習，吾不能爲賢者諱矣。」④

梁啓超的見解受到嚴復的駁斥。嚴復認爲通俗的文字，絕不能翻譯西方理論較深的著作，他說：「竊以爲文體者，載理想之羽翼，而以達情意之音聲也。是故理之精者，不能載以粗獷之詞，而情之正者，不可達以鄙俗之氣。」而且他認爲西方根本無所謂「文界革命」，他說：「且文界何革命之與有？持歐洲晚近之文章，以與古者較，其所進者在理想耳，在學術耳，其情感之高妙，且不能比肩於古人，至於律令體裁，直謂之無幾微之異可也。」然後他又指出，若依照梁啓超的說法，「徒爲近俗之辭，以取便市井鄉僻之不學，於文界乃所謂陵遲，非革命也。」最後他表示，這種學理邃賾之書，並非讓學僮看的，而是讓多讀過中國古書的人看的⑤。由此可見，嚴梁二人的文學觀存在著極大的差距。

在這一問題上，黃遵憲和梁啓超的見解比較接近。他在光緒二十八年寫給嚴復的信中，稱贊他爲學術界中第一流人物，但同時也提出了自己不同的看法。他說：「今日已爲二十世紀之世界矣，東西文明，兩相接合，而譯書一事，以通彼我之懷，闡新舊之學，實爲要務。」而嚴復追求古奧，其譯文「雋永淵雅，疑出北魏人手」，雅則雅矣，就是不適應時代的需要。他反駁嚴復的「文界無革命」之說，而力主文界須「維新」，認爲這是文學發展必然的要求。從歷史上看，愈是通俗的形式，愈利於新思想、新學說的傳播。以佛教爲例，「四十二章經，舊體也，自鳩摩羅什輩出，而內典別成文體，佛教益盛矣。」另外，從語言文字發展的歷史趨勢來看，「元明以後之演義，皆舊體所無也，而人人遵用而樂觀之。文字一道，至於人人遵用之樂觀之，足矣。」⑥黃遵憲這封信，立論通達，說理透闢，有批評，有建議，在翻譯問題上所陳述的一系列具體主張，頗能補嚴復之不足，應該可說是晚清「文界革命」理論的重要文獻。

此外，黃遵憲對小說的看法，也是他在文學思想上的重要貢獻之一。一般人常常把嚴復、夏曾佑的〈國聞報附印說部緣起〉（以下簡稱〈緣起〉）一文，視爲晚清「闡明小說價值的第一篇文字」⑦，而把梁啓超〈論小說與羣治之關係〉一文，看作是小說理論的綱領性文章。當然，若從近代小說理論發展過程來看，這樣的看法並無不對，但若認爲晚清對小說的討論，是從〈緣起〉才開始，那就有待商榷了。

事實上，早於嚴復、夏曾佑〈緣起〉一文十年，即光緒十三年（一八八七），黃遵憲就在《日本國志》〈學術志二〉中從言文合一的角度，指出了小說語言的特點及其在改革文體、推進言文合一的重要作用。雖然他是從文體角度和小說語言特點來肯定小說，而沒有從小說本身的藝術特質來闡明小說的價值，但他的見解，顯然是後來一些小說理論的起點⑧。

到了光緒二十八年，黃遵憲在梁啓超創辦《新小說》和發表〈論小說與羣治之關係〉之際，寫了一封信給梁啓超，其中提到他個人對小說的意見，已經深入到小說創作理論實質方面的問題。他說：

> 《新小說報》初八日已見之，果然大佳……此卷所短者，小說中之神采——必以透徹為佳，之趣味——必以曲折為佳……僕意小說所以難作者，非舉今日社會中所有情態一一飽嘗爛熟，出於紙上，而又將方言諺語，一一驅遣，無不如意，未足以稱絕妙之文。前者須富閱歷，後者須積材料。閱歷不能襲而取之，若材料則分屬一人，將水滸石頭記醒世姻緣，以及泰西小說，至於通行俗諺，所有譬喻語、形容語、解頤語，分別鈔出，以供驅使，亦一法也。⑨

黃遵憲在此提出了衡量小說創作的兩個標準。他認爲小說作品的成功與否，主要看兩個方面：第一，是否「舉今日社會所有情態，一一飽嘗爛熟，出於紙上」；第二，在語言方面，是否具有嫻熟的駕馭語言的能力，也就是「一一驅遣，無不如意」。

從第一方面來說，他要求作品必須廣泛深刻、具體而多方面反映社會現實生活的不同層面，否則，就不是好作品——「未足以稱絕妙之文」。而且他也理解到，小說這種文學樣式，給作家極大的馳騁空間，這是小說的長處，但也是「小說之所以難作者」。所以，他針對此點進一步指出作家「須富閱歷」，而「閱歷」又是「不能襲而取之」，必須作家身體躬行。

從第二方面來說，閱歷雖不能襲而取之，但語言則可向多方學習，積聚必要之材料。在此，他提出三個可供學習的對象：一是《水滸傳》、《石頭記》、《醒世姻緣》等我國優秀的白話長篇小說；二是外國優秀的小說作品；三是民間語言。由此可看出，黃遵憲對小說的看法不僅正確，而且深刻。尤其是提出向外國優秀小說學習語言，在近代小說理論家中，他可以說是第一人。

在維新派領導的「小說界革命」中，以梁啓超爲代表的理論家，由於强調小說的社會政治意義，對提高小說的社會地位，改變詩文正宗觀念方面，產生劃時代的作用，但是梁啓超在理論上最大的缺失是忽視小說創作的藝術性。他的作品，如《新中國未來記》，因「專欲發表區區之政見」，故寫得「似說部非說部，似稗史非稗史，似論著非論著，不知成何種文體」⑩。而黃遵憲所提出的看法，著重在論述小說藝術的審美特徵和創作的藝術規律，並且重視語言的錘鍊和主張借鑒中西遺產，這些都在一定程度上彌補了梁啓超小說理論的不足。

雖然黃遵憲的小說理論在晚年才形成系統，但其實早在光緒四年（一八七八）時，他就曾發表對小說一些獨到的見解，如八月一日他與日本文人石川鴻齋的一段筆談中提到：

紅樓夢乃開天闢地、從古到今第一部好小說，當與日月爭光、萬古不磨者。恨貴邦人不通中語，不能盡其妙也。論其文章，宜與左、國、史、漢並妙。⑪

而且他還將《紅樓夢》親自圈點後送給日本友人源桂閣。他對《紅樓夢》的評價，直至今日還被紅學家認可⑫。至於他將《紅樓夢》推薦給日本友人，這無疑是對中日文化交流的一大貢獻。《筆談遺稿》的發現和整理者、日本著名漢學家實藤惠秀先生就曾指出：「據我考證，是黃遵憲首次將完整的《紅樓夢》全書介紹到日本來的。」⑬實藤先生的話是可信的，在《筆談遺稿》中也可證明這點，日本文人石川鴻齋所舉在日本流傳的中國小說，有《水滸傳》、《三國志》（應是《三國演義》）、《金瓶梅》、《西遊記》等，就是沒有《紅樓夢》⑭。可見《紅樓夢》在日本的流傳，應該是黃遵憲向日本友人推薦之後⑮。不過，無可否認的，當時他只是站在欣賞的角度而有此見解，一直要到光緒二十八年與梁啓超書中，才從小說文體的特性與藝術規律的角度來立論。這樣的轉變，也可看出他在文學思想上的進展與成熟。

第三節　詩歌主張

黃遵憲是一個「銳意欲造新國」⑯的人物，他也以「新派詩」人自居。他在〈酬曾重伯編修〉（卷八）詩中說：「廢君一月官事力，讀我連篇新派詩。」但他的「新派詩」究竟新在那裏？他的詩歌創作理論又是怎樣？這是本節所要探討的。

有關黃遵憲的詩歌主張，主要見於〈人境廬詩草自序〉（以下簡稱〈自序〉）、〈與周朗山論詩書〉、〈雜感〉、〈感懷〉詩，光緒年間給梁啓超、邱菽園的一些信件，和《黃遵憲與日本友人筆談遺稿》中的〈己卯筆話〉、〈庚辰筆話〉，〈山歌〉題記，以及散見於潘飛聲《在山泉詩話》、黃遵楷〈人境廬詩草跋〉中的語錄等等。其中以光緒十七年（一八九一）發表的〈自序〉一文最重要：

余年十五六，即學為詩。後以奔走四方，東西南北，馳驅少暇，幾幾束之高閣。然以篤好深嗜之故，亦每以餘事及之，雖一行作吏，未遽廢也。士生古人之後，古人之詩號專門名家者，無慮百數十家，欲棄去古人之糟粕，而不為古人所束縛，誠戛戛乎其難。雖然，僕嘗以為詩之外有事，詩之中有人；今之世異於古，今之人亦何必與古人同。嘗於胸中設一詩境：一曰，復古人比興之體；一曰，以單行之神，運排偶之體；一曰，取離騷樂府之神理而不襲其貌；一曰，用古文家伸縮離合之法以入詩。其取材也，自羣經三史，逮於周、秦諸子之書，許、鄭諸家之注，凡事名物名切於今者，皆採取而假借之。其述事也，舉今日之官書會典方言俗諺，以及古人未有之物，未闢之境，耳目所歷，皆筆而書之。其鍊格也，自曹、鮑、陶、謝、李、杜、韓、蘇訖於晚近小家，不名一格，不專一體，要不失乎為我之詩。誠如是，未必遽躋古人，其亦足以自立矣。然余固有志焉而未能逮也。詩有之曰：「雖不能至，心嚮往之。」聊書於此，以俟他日。光緒十七年六月在倫敦使署，公度自序。

這篇〈自序〉可以說是黃遵憲詩歌創作經驗的總結報告書，其中有其個人推陳出新的一套詩歌理論與創作指導方針，不僅系統完備，而且深具進步意義。以下就以〈自序〉為中心，來分析黃遵憲的詩歌主張。

一、文學進化，反對摹古

序中言：「今之世異於古，今之人亦何必與古人同」、「古人未有之物、未闢之境，耳目所歷，皆筆而書之。」證明黃遵憲論詩，深明文學進化之理。一時代有一時代的詩歌，反對墨守成規，一味規襲古人。他要吸取古典創作中的現實主義、浪漫主義精神和他們的藝術經驗，從而表現自己的時代和思想情感。這種文學進化論，事實上早在他二十一歲（同治七年，一八六八）時就已產生，他寫的〈雜感〉（卷一）詩中云：

> 俗儒好尊古，日日故紙研。六經字所無，不敢入詩篇。古人棄糟粕，見之口流涎。沿習甘剽盜，妄造叢罪愆。黃土同摶人，今古何愚賢？即今忽已古，斷自何代前？……我手寫我口，古豈能拘牽。即今流俗語，我若登簡編，五千年後人，驚為古斕斑。

他繼承了反擬古反形式主義的文學思潮⑰，尖銳地嘲笑唯知承古人唾餘，在古人詩集夾縫裏找出路的詩歌，提出古今語言變遷和古今詩歌發展的觀點，並且正面揭示「我手寫我口」的主張，也就是要建立自己的獨特風格，抒發自己的真實情感。這首詩的主旨和〈自序〉所言是一脈相承的。

當然，這種文學進化的觀點，並非始於黃遵憲，清初顧炎武在他的《日知錄》〈詩體代降〉中曾說過：

> 三百篇之不能不降而楚辭，楚辭之不能不降而漢魏，漢魏之不能不降而六朝，六朝之不能不降而唐者，勢也。用一代之體，則必似一代之文，而後為合格。

又說：

> 詩文之所以代變，有不得不變者：一代之文沿襲已久，不容人人皆蹈此語。今且千數百年矣，而猶取古人之陳言一一而摹仿之，以是為詩可乎？故不似，則失其所以為詩，似則失其所以為我。李杜之詩所以獨高於唐人者，以其未嘗不似而未嘗似也。知此者可以言詩也已矣。⑱

稍晚的袁枚也說過：「作詩不可以無我。」⑲趙翼更特別强調過詩歌的發展觀點，他說：「詩文隨世運，無日不趨新」⑳、「詩從觸處生，新者輒成故」㉑、「李杜詩篇萬口傳，至今已覺不新鮮。江山代有才人出，各領風騷數百年。」、「詞客爭新角短長，迭開風氣遞登場。自身已有初中晚，安得千秋尚漢唐！」㉒但這些前人的主張都是偏重於從詩歌形式的發展變化而言的。

比黃遵憲稍早的龔自珍則跨進了一步。他在〈書湯海秋詩集後〉中說：

> （湯海秋）有詩三千餘篇，芟而存之二千餘篇，評者無慮數十家，最後屬龔鞏祚一言，鞏祚亦一言而已，曰：完。何以謂之完也？海秋心迹盡在是，所欲言者在是，所不欲言而卒不能不言在是，所不欲言而竟不言，於所不言求其言亦在是。要不肯撏撦他人之言以為己言，任舉一篇，無論識與不識，曰：此湯益陽之詩。㉓

他主張寫詩要擺脫「他人」的束縛，要表現詩人自己的思想、情感，並且要具有自己的風格。黃遵憲則比龔自珍更進一步。他不僅主張詩歌的形式要隨「勢」而「代降」，詩歌的內容也必須隨「勢」而「代降」。他在〈與周朗山論詩書〉中寫道：

> 遵憲竊謂詩之興，自古至今，而其變極盡矣。雖有奇才異能英偉之士，率意遠思，無有能出其範圍者。雖然，詩固無古今也，苟出天地，日月、星辰、風雲、雷雨、草木、禽魚之日，出其態以嘗（當）我者，不窮也。悲、歡、憂、喜、戚、欣、思念、無聊，不乎之出於人心者，無盡也。治亂、興亡、聚散、離合、生死、貧賤、富貴之出於我者，不同也。苟能即身之所遇、目之所見、耳之所聞，而筆之於詩，何必古人？我自有我之詩者在矣。

又說：

> 夫聲成文謂之詩，天地之間，無有聲皆詩也。即市井之謾罵，兒女之嬉戲，婦姑之勃谿，皆有真意以行其間者，皆天地之至文也。不能率其真，而捨我以從人，而曰：吾漢、吾魏、吾六朝、吾唐、吾宋，無論其非也；即刻畫求似而捐得其形，省則省矣，而我則亡也。我已亡我，而吾心聲皆他人之聲，又烏有所謂詩者在耶？㉔

黃遵憲認爲，詩之所以爲詩，就在於它能反映「我」的「身之所遇、目之所見、耳之所聞」，也就是說，詩必須反映廣闊的社會生活，同時能夠真實地體現「我」的「心聲」，即體現「我」的思想、情感和願望。否則「我已亡我，而吾心聲皆他人之聲」，詩也就不成其爲詩了。顯然，這已涉及到詩的思想內容問題，詩與現實生活的關係問題，並意味著詩之所以隨「勢」而「代降」，是由客觀的現實生活所決定的。

正因爲在文學上主張進化，所以他才會對晚清復古、擬古的風氣大加撻伐。但是他雖然反對擬古、復古，並不是反對學古，因爲學古是創新的重要門徑，不能一概否定前人的成就，在序中他自道作詩之法，都是有選擇地學習古人的長處。

㈠復古人比興之體

所謂「比」，是把主觀的情感寄託在客觀事物當中表現出來。「興」則是借客觀事物以激起主觀的感情。如古人以紅豆寄相思，借芳草以喻美人，就是典型的比、興表現手法。而黃遵憲之所以强調這一點，應與其借詩以「言志」的觀點有關㉕。查賦、比、興之說，一見於《周禮》〈春官〉，再見於〈毛詩序〉。據鄭玄的解釋：「賦之言鋪，直鋪陳今之政教善惡；比，見今之失，不敢斥言，取比類以言之；興，見今之美，嫌於媚諛，取善事以喻勸之。」㉖可見賦是用於直陳政教善惡，比是用於刺惡，興是用於勸善，而所謂比興之體，應是指能起「刺勸」作用之詩歌。鄭玄這一論點，是和〈毛詩序〉的「美刺」說一致的。黃遵憲說要「復古人比興之體」，正是要復古人所說的刺勸（即美刺）作用。以下舉例說明：

1. **山鷄愛舞鏡，海燕貪栖樑。衆鳥各自飛，無處無鴛鴦。**（番客篇・卷七）

詩中以山鷄、海燕、鴛鴦來比夫婦，表達了對新婚夫婦成雙成對的欣喜之情。

2.豈知困獸猶思鬥，尚有羣蛙亂跳鳴。（避亂大埔三河虛・卷一）

詩中以困獸、羣蛙來比太平天國軍隊，其指責之意躍然紙上。

3.欲殺一龍二虎三白羊，是何鼠子乃敢爾？（聶將軍歌・卷十一）

詩中以龍比光緒皇帝，二虎比慶親王奕劻與大學士李鴻章。而「鼠子」則比爲作亂的義和團民，用鼠子與龍虎對比，十分鮮明地表達了他對義和團的政治立場。

至於使用興體手法的詩句如：

1.飛鳥不若笯鳳，游麟不若豢龍。虛譽不若疑謗，速拙不若緩工。（狂歌示胡二曉岑・卷二）

詩中用飛鳥笯鳳、游麟豢龍，來興起下面虛譽疑謗、速拙緩工之意，喻指廷試選拔的庸才，不如落選困居的德才高超之士，這是黃遵憲廷試不中，對科舉取士制度的反省。

2.雛雁毛羽成，各各南北飛。與君為兄弟，義兼友與師。（寄四弟・卷二）

詩中用鴻雁分飛，興起兄弟離散之意，勸人珍惜難得歡聚之情。這都是繼承傳統詩歌寫作中的比興技巧而來。

㈡以單行之神運排偶之體

所謂「單行」，即不拘於對仗聲律，首先力求完整表達自己的思想情感，但又不失於端莊流麗，達到陽開陰闔，既不流於冗散，又不偏於駢麗。這種方法多於律詩中使用，一般稱此類句法爲流水對㉗，即詩中的對仗，其上下句是一氣連貫，上句是因，下句是果，兩句中的詩意，像流水一般很自然的滔滔前去㉘。這類句法在集中很多，例如：「以我風塵憔悴色，共君骨肉別離情」（將至潮州又寄詩五・卷一）、「吾家正溪北，有弟住牆東」（武清道中作・卷二）、「天下事原如意少，眼中人漸後生多」（遣悶・卷五）、「欲行六國連衡策，來作三山汗漫遊」（留別日本諸君子・卷四）、「更行二萬三千里，同是東西南北人」（同上）等，詩意都是完整連貫，一氣呵成。這種句法，不論是唐、宋詩人都曾使用過，如王勃〈送杜少府之任蜀州〉：「海內存知己，天涯若比鄰」㉙、韋應物〈淮上喜會梁川故人〉：「浮雲一別後，流水十年間」㉚等都是。這種技巧若運用純熟，黃遵憲認爲能幫助革新詩境，所以特別予以强調。

㈢取離騷樂府之神理而不襲其貌

什麼是《離騷》樂府的神理？何以要「取其神理而不襲其貌」？范文瀾在《文心雕龍注》中提到：「其實屈宋之文，奇華者其表儀，真實者其骨幹。學之者遺神取貌，所以有訛體之譏。」㉛可見真實是《離騷》的神，奇華爲《離騷》的貌，學《離騷》者只片面地取其奇華而遺其真實，這就是遺神取貌，變成了一種訛體。而這正是黃遵憲所反對的。

至於樂府的神理是什麼呢？這可從《漢書》〈藝文志〉的一段話中得到啓示：「自孝武立樂府以採歌謠，於是有趙、代之謳，秦、楚之風，皆感於哀樂，緣事而發，亦可以觀風俗，知薄厚云。」由此可見，「感於哀樂，緣事而發」，正是樂府的特色，也是它所獨具的精神。後來提倡新樂府運動的白居易、元稹諸人，都是繼承並發揚了這一傳統，主張「文章合爲時而著，歌詩合爲事而作」㉜。黃遵憲所作的詩歌，也是沿著「緣事而發」的樂府道路前進的。以下舉例數首，以爲說明：

1.一拳打碎舊山河，兩手公然斗柄挼。鸛鵒往來謠語慟，魚龍曼衍戲場多。火焚祆廟連烽燧，轍涸羈臣乞海波。至竟遼東多浪死，尚誇十萬劍橫磨。（述聞八首之一．卷十）

詩中真實反映出義和團作亂，火燒洋人教堂，圍攻外國使館，國民以血肉之軀衝向火網，無辜枉死，而慈禧那拉氏卻認爲勝利在望而洋洋得意。黃遵憲內心的怨誹之情，可謂溢於言表。

2.遣使初求地，高皇全盛時。六州誰鑄錯，一慟失燕脂。鑿穴蠶叢闢，噓雲蜃氣奇。山頭風獵獵，猶自誤龍旗。（香港感懷十首之一．卷一）

作者在香港登高臨遠，舉目有山河之異，內心不禁有滄桑之嘆。尤其是「猶自誤龍旗」一句，更有說不盡的辛酸。他的憂國之思，和屈原徘徊江澤的哀吟，真是異代同調。

3.長袖飄飄兮髻峨峨，荷荷！裙緊束兮帶斜拖，荷荷！分行逐隊兮舞傞傞，荷荷！往復還兮如擲梭，荷荷！回黃轉綠兮挼莎，荷荷！中有人兮通微波，荷荷！貽我釵鸞兮餽我翠螺，荷荷！呼我娃娃兮我哥哥，荷荷！柳梢月兮鏡新磨，荷荷！雞眠貓睡兮犬不呵，荷荷！待來不來兮歡奈何，荷荷！一繩隔兮阻銀河，荷荷！雙燈照兮暈紅渦，荷荷！千人萬人兮妾心無他，荷荷！君不知兮棄則那，荷荷！今日夫婦兮他日公婆，荷荷！百千萬億化身菩薩兮受此花，荷荷！三千三百三十二座大神兮聽我歌，荷荷！天長地久兮無差訛，荷荷！（都踊歌．卷三）

這一首詩中每句中間都用兮字，仿自離騷句法，而每句下面都用「荷荷」二字，則是仿樂府之象聲辭，有聲無義，如樂府古詩〈有所思〉中的「妃呼豨」一樣，這首詩可說是混合離騷與樂府而成。透過這種形式的表達，他真實地寫出了歌舞歡樂的情景。

其他如〈山歌〉多運用諧音格，〈哭威海〉全用三字句，〈五禽言〉模仿宋人梅聖俞的〈禽言四首〉㉝等，其中或情感真切，或陳詞激烈，寄託諷喻之義，樂府味道濃厚，這都是有意學習並巧妙運用之處。像這樣在形式上的摹擬之外，著重繼承反映社會現實這一創作精神，也是他認為革新詩境的途徑之一。

㈣用古文家伸縮離合之法以入詩

趙翼云：「以文為詩，自昌黎始，至東坡益大放厥詞，別開生面，而成一代之大觀。」㉞韓愈以文為詩，宋代歐陽修、王安石、蘇軾也都有這方面的嘗試。然而無論是韓愈的〈南山〉、東坡〈薄薄酒〉等作品，雖有以文為詩傾向，但沒有宣稱要用古文家伸縮離合之法以入詩，而黃遵憲卻在〈自序〉中特別拈出此法，足見其重視程度及刻意取法。這種寫作方法的被强調，當與其時代複雜有關，由於他所處的時代，現實生活的內容已較過去大為豐富，為了應付層出不窮的題材變化，他採取「伸縮離合」的方法來應變。以下試舉〈馮將軍歌〉（卷四）一詩為例說明：

此詩一開始就用古文家的直敍法說：

馮將軍，英名天下聞！將軍少小能殺賊，一出旌旗雲變色。

江南十載戰功高，黃褂色映花翎飄。

這是敍述馮子材過去平定太平天國的武功，但接著他寫道：「中原蕩清更無事，每日摩娑腰下刀。」如果說上六句的寫法是「伸」和「合」，這兩句便是「離」和「縮」了。

何物島夷橫割地？更索黃金要歲幣。北門管鑰賴將軍，虎節重臣親拜疏。

這又是一種夾敍夾議的手法，同時也是「伸」和「合」的寫法。接著突然情勢逆轉：

將軍劍光初出匣，將軍謗書忽盈篋。將軍鹵莽不好謀，小敵雖勇大敵怯。

在遭到無情的詆譭控告後，馮子材的確心中悒悒不快，然而「不斬樓蘭今不還」的破敵決心又使他振奮。這幾句詩，呈現出內心變化轉折之速，令人目不暇接。接下來，開始縱筆刻劃將軍作戰時的英勇形象：

手執蛇矛長丈八，談笑欲吸匈奴血。左右橫排斷後刀，有進無退退則殺。

奮梃大呼從如雲，同拼一死隨將軍。將軍報國期死君，我輩忍孤將軍恩？

將軍威嚴若天神，將軍有令敢不遵！負將軍者誅其身，將軍一叱人馬驚，從而往者五千人。五千人眾排牆進，綿綿延延相擊應。轟雷巨炮欲發聲，既戟交胸刀在頸。敵軍披靡鼓聲死，萬頭竄竄紛如蟻。十蕩十決無當前，一日橫馳三百里。

從古文家的文法上看，這一大段可說是極具伸縮離合之妙。它時而從正面描寫，時而從側面下筆；忽寫對方，忽寫自身。清人方東樹說：「七言長篇，不過一敍、一議、一寫三法，即太史公亦不過用此三法耳。而顛倒順逆、變化迷離而用之，遂使百世下目眩神搖，莫測其妙，所以獨掩千古也。」黃遵憲這段精彩的敍述，顯然已具備了敍、議、寫三法，形象鮮明，生動無比。最後，黃遵憲又以萬分感慨的心情，寫下其結句：

> 吁嗟呼！馬江一敗軍心懾，龍州拓地賊氛壓。閃閃龍旗天上翻，道咸以來無此捷。得如將軍十數人，制梃能撻虎狼秦，能興滅國柔強鄰。嗚呼安得如將軍！

這仍是有離有合的寫法。從以上這伸縮離合的論述過程中，表現了作者對馮子材的景慕和憂亡傷危的愛國情懷。

近代評論家對這一篇詩大多給予較高的評價㊱，特別在寫作方法上，全篇五十句中，有十六句連疊「將軍」二字，和司馬遷〈平原君列傳〉之「勝未有所聞，是先生無所有也。先生不能，先生留」句法相近，前後三用「先生」二字；也可能是取法自歐陽修〈醉翁亭記〉，全篇「也」字出現二十一次。除〈馮將軍歌〉外，在古詩中也常見此法的純熟運用。如〈櫻花歌〉（卷三）中，坐者、行者、攀者、採者、來者、去者等，應是仿自柳宗元〈觀畫馬記〉中的啼者、齧者、蹶者、俯而飲者的句法；至於〈西鄉星歌〉（卷三）中的「當時帝王擁虛位，披髮上訴九天閶闔呼不開。死於饑寒，死於苛政，死於暴客等一死……此外喑嗚叱咤之聲勢，化爲妖雲爲沴氣。……吁嗟呼！大丈夫不能留芳千百世，尚能貽臭億萬載。生非柱國死非閻羅王，猶欲齰血書經化作魔王擾世界。」諸句，讀起來無異於古文。其餘例子尚多，不遑列舉。

雖然這種寫作方法不是創見，但歷來像他這樣有意且大量運用者，並不多見。所以近人錢仲聯稱揚他：「從史記到周、秦、諸子和歷代散文的寫作技巧，他盡量取精用宏地移植到詩歌中來，這就大大擴展了詩歌表達的功能，有利於反映當時比較複雜的現實內容。」㊲

上述四項革新詩境之法，黃遵憲大都能在當時以及以後的詩歌創作中予以實踐，這證明他在文學思考上，不僅有理論，有方法，而且能以作品做適切的詮釋。由於他能洞悉文學進化的藝術規律，且擷取古人長處，求新求變，所以他的詩才能在晚清瀰漫復古雲霧的詩壇上獨樹一幟，大放異彩。

二、革新精神，保存形式

黃遵憲所處之世，正是劇變的時代，為應付這種空前的變局，於詩體便不得不求新求變，以一己之意，自由表達，藉此呈現日新月異的新事物、新思想，所以黃遵憲詩中，新名詞、新事物及新思想屢有所見，這是時代使然。他的詩在晚清，號為「新派」，對於詩歌改革運動，提倡不遺餘力。錢基博《現代中國文學史》稱他「毅然有改革詩體之志」並非溢美。根據他一九〇二年寫給丘煖菱的信，可以知道他很早就有「別創新界」的雄心，希望能成為詩歌領域內的「華盛頓、傑弗遜、富蘭克林」㊳，但是，事實上他所主張的仍是體制內的改革，即所謂「舊瓶裝新酒」㊴，是在舊格調中放進新的內容、思想。這正如他在政治上參與維新變法運動一樣，他對詩界改革，只談「改良」、「新派」、「維新」，並不說「革命」。陳衍《石遺室詩話》就曾一針見血地指出：「不知先生之為新派詩，蓋非革詩體而在變作法與闢詩境而已。」

黃遵憲和梁啓超一樣，都是改良主義者，他們對詩界「革命」的定義，只是「革其精神，非革其形式」㊵。黃遵憲之所以備受梁氏推崇，是因他的詩「能鎔鑄新理想以入舊風格」㊶。所謂「新理想」，是指題材、語言及意境三者的融合創新，而「舊風格」，則是指傳統詩歌格律、形式的繼承遵循㊷。換言之，他們所主張的，是要通過舊形式來表現新的生活內容和新的思想情感。基本上，這是一場不徹底的詩歌改良運動，尚未觸及到詩體解放的根本核心，因此，他是「舊瓶裝新酒」的實踐者，而非「新瓶裝新酒」的提倡者。但無可否認的，由於他的改良主張與本身優異的創作成績，確實在晚清盛行宋詩的風氣下，擴大了詩歌表現的領域，突破舊體詩的束縛，提高了詩歌活潑的生命力。在當時環境下，他的這種主張，確有其積極進步的意義。

三、正視現實，反映時代

〈自序〉中有言：「詩之外有事，詩之中有人」。這「事」，指的是現實的社會情狀，與危急存亡的國家局勢；這「人」，指的是作者有自己的批判觀點，不流於人云亦云。基本上，黃遵憲是一個政治家、外交家，他最關切的是政治情勢的發展，他是「餘事爲詩，未嘗立志爲詩人也」㊸。晚年他曾寫信給任公論詩云：「吾論詩以言志爲體，以感人爲用。」這也是他作詩的原則。他的詩是政治理想的寄託，所以能緊緊地聯繫現實，從而相當深刻、廣泛而真實地反映近代中國社會，具有豐富而深邃的思想內容。

近世論黃遵憲詩者，多僅以革新之功推許，而不知其詩的歷史價值，實爲革新以外的另一成就。

他的詩除了少數流連風景與師友酬酢之作外，大都論紀時事，及國家民族史實或與政治風土有關者。光緒五年（一八七九）三十二歲時刊行的《日本雜事詩》固不必論，中年以來，多述外邦山川政俗或華僑社會史事，至晚歲的感事傷時諸作，有關中日甲午戰爭、戊戌政變及庚子辛丑義和團與聯軍諸役者，尤多描繪，隱然爲晚清一代詩史，故歷來論者也多有以「詩史」視之，如：

公度之詩，詩史也。（梁啓超《飲冰室詩話》）

編詩之起訖如此，蓋隱以詩史自居。（錢仲聯《夢苕盦詩話》）

甲午前後政治社會上的種種實情，都收在他的詩裏。如〈悲平壤〉、〈東溝行〉、〈哀旅順〉、〈哭威海〉、〈馬關紀事〉、〈降將軍歌〉、〈台灣行〉等作，都是歷史的詩。在這些作品裏，對清帝國的腐敗無能，表示了極大的憤慨，反對帝國主義的侵略，憂傷國家的危殆，字裏行間，洋溢著愛國的思想感情，而具有真實的歷史內容。「在這地方，比起鄭珍、金和甚至杜甫來，他更實踐了社會詩人的任務」㊹，例如〈台灣行〉：

城頭逢逢雷大鼓，蒼天蒼天淚如雨，倭人竟割台灣去。……天胡棄我天何怒，取我脂膏供仇虜。眈眈無厭彼碩鼠，民則何辜罹此苦？亡秦者誰三戶楚，何況閩粵百萬戶！成敗利鈍非所睹，人人效死誓死拒，萬眾一心誰敢侮？一聲拔劍起擊柱，今日之事無他語，有不從者手刃汝。……

詩人以十分沈痛的心情描寫台灣人民暫時失去祖國的痛苦，熱烈歌頌他們高漲的愛國熱情，也稱揚抗敵將領的愛國精神，揭露了清政府和清將領的腐敗與賣國。這些不朽的詩篇是奠定他在中國近代文學史上地位的傑作，也是他被稱爲「愛國詩人」的根據。文藝是時代的鏡子，黃遵憲最可貴之處，是他没有辜負他的時代。康有爲說他是「上感國變，中傷種族，下哀民生」㊺，真是一點不假。

中國文學作家，能具有世界觀的人向來不多，而他可算是一位有世界觀念的詩人，能夠與時代的呼吸相通。正因爲詩人如此關懷國事，以致在他去世前寫信給其弟黃遵楷時說：「生平懷抱，一事無成，惟古近體詩能自立耳。然亦無用之物，到此已無可望矣。」㊻悲憤遺憾之情充斥字裏行間，益發顯出詩人對國家民族不能忘懷的殷切深情。而這類詩歌的大量創作，正是他一貫關懷國事，重視現實的文學觀的自然反映。

四、重視民歌，不避流俗

愛國家的人往往也愛鄉土，愛人倫親情。在黃遵憲的詩中多有吟詠粵省及家鄉風土之作，這些作品和民歌的薰陶是分不開的。他的家鄉梅縣，是誕生「山歌」的搖籃。月明之夜，男女隔山唱和，以「山歌」爲表情的工具。「一字千迴百折，哀厲而長」㊼，他生長在這樣的環境裏，耳濡目染，自然就受到影響。〈拜曾祖母李太夫人墓〉（卷五）詩中說：「牙牙初學語，教誦月光光。一讀一背誦，清如新炙簧。」可知他還在孩提時候，曾祖母就已經教他學習朗誦童謠。詩中說它「清如新炙簧」，證明他在中年以後還是很喜愛的。

民歌的薰陶，對他在二十一歲時就提出「我手寫我口」的主張一定有某些程度的影響。而且在第二年，他就用「山歌」的名稱寫了九首歌詠愛情的通俗詩歌，如：

人人要結後生緣，儂只今生結目前。一十二十不離別，郎行郎坐總隨肩。（卷一）

買梨莫買蜂咬梨，心中有病沒人知。因為分梨故親切，誰知親切轉傷離。（同前）

這些詞意簡單的小曲十分生動地寫出男女之間的戀情和對幸福生活的願望，雙關語的純熟運用，正如這些山歌組曲前的小序所言：

土俗好為歌，男女贈答，頗有子夜讀曲遺意，採其能筆於書者，得數首。

胡適讀了他的山歌序後說：

我推想他少年時代，必定受了他本鄉平民文學的影響。㊽

黃遵憲用這種體裁來進行創作，決不是一時興之所致，因爲直到他四十四歲在倫敦時，還續寫了六首。尤其是他在其後的題記中說：

十五國風妙絕古今，正以婦人女子矢口而成，使學士大夫操筆為之，反不能爾，以人籟易為，天籟難學也。余離家日久，鄉音漸忘，輯錄此歌謠，往往搜索枯腸，半日不成一字，因念彼岡頭溪尾，肩挑一擔，竟日往復，歌聲不歇者，何其才之大也。㊾

這種對來自民間口頭文學的認識和嚮往，正是我們古來優秀作家從民間文藝中吸取營養的傳統精神的繼承，儘管他還沒有認識到民歌在反映社會方面的意義和作用，但基於如上的努力，他的詩裏早就注入了健康的血液。他把正人君子所不屑談的山歌與中國偉大的文學作品相提並論，這種不避流俗的大贍表現，是值得贊揚的。

黃遵憲原計劃將民間山歌加以整理輯錄，並約胡曉岑等人共同彙選[50]，但因「山歌每以方言設喻，或以作韻，苟不諳土俗，即不知其妙，筆之於書，殊不易耳。」[51]所以他也僅改寫了十餘首而已。但這些山歌，正如鄭振鐸所說：「確是像清晨荷葉上的露珠似的晶瑩可愛」。[52]

除直接寫山歌外，黃遵憲在青年時代還寫了與山歌很接近的〈新嫁孃詩〉五十一首[53]，唯妙唯肖地描繪一個少女在新婚前後的複雜心理，顯示出作者詩藝表現能力和向民歌學習的成果。他的〈哭威海〉一詩，通篇用三字句，很可能是受了幼年時曾祖母教給他的兒歌：「月光光，秀才娘。騎白馬，過蓮塘。塘蓮背，種韮菜。韮菜花，結親家」的影響[54]。後來〈幼稚園上學歌〉也採用了這一形式：

> 黑者龍，白者虎。紅者羊，黃者鼠。一一圖，一一譜，某某某某兒能數。上學去，上學去。

黃遵憲不僅熱愛家鄉的山歌，也喜愛日本的民歌，所以他在擔任駐日使館參贊時便寫了〈都踊歌〉一類清新樸質的作品。在他的〈小序〉中寫道：

> 西京舊俗，七月十五至晦日，每夜亘索街上，懸燈數百，兒女艷裝靚服為隊，舞蹈達旦，名曰都踊。所唱皆男女猥褻之詞，有歌以為之節者，謂之音頭。譯而錄之，其風俗猶之唐人〈合生歌〉，其音節則漢人〈董逃行〉也。

可見他是有意融化中日民歌的音節而寫的。胡適曾對此詩加以評解說：

> 都踊歌每一句的尾聲「荷荷」，正和嘉應州山歌「每一辭畢，輒間以無辭之聲，甚哀厲而

長」，是相像的。我們可以說，他早年受了本鄉山歌的感化力，故能賞識民間白話文學的好處。㊺

當然，如果純就文學史的角度來看，黃遵憲這種重視民間文學的主張並非創見㊻，但是若從晚清詩歌改良的意義上來看，他的主張是難能可貴的。他及當時一些有志之士在這方面加以鼓吹與創作，蔚成一股隱然躍動的氣勢，對於提倡「白話詩」的胡適等人，應有很大的鼓勵。

結語

綜觀黃遵憲一生的文學思想，我們還可以發現下列三個突出的特點：第一、他不像梁啓超等强調文學創作爲政治服務的觀點，而是著重强調反映生活、批判社會及表現新的事物。第二，他也不像有些人那樣喜歡肯定一切或否定一切，說「中國自漢以後的學問全要不得，外來的學問都是好的」㊼，而是對中國傳統文化採取批判繼承的態度，取其精華，棄其糟粕；對西方的文化既不排斥，也不全盤接受，而是究其異同，擇善而從。第三，他不像一些維新派人物那樣只「先進」了一段時間，變法失敗後，就或全面或部分地轉化成爲落後保守者，而是終生不斷探索前進，即使在他生命的最後幾年，他在文學思想、創作實踐上，都在追求更高更新的境界。這些優點，我們不可忽視。不過，由於受限於個人客觀的條件，在詩歌的形式上，他沒有擺脫舊格律的束縛，創造出與新內容相適應的新體詩，也不能不說是一種遺憾。

總之，在中國文學和文學思想發展史上，黃遵憲是一個過渡時代的傑出人物，他雖未全面地打破具有長遠傳統的古典詩厚殼，事實上卻已爲未來的白話詩準備了出生的土壤；儘管他沒有做過系統理論的闡述，卻早已實踐遵循了詩歌改革的道路。

【附註】

① 《日本國志》卷三三〈學術志二〉。

② 錢譜光緒二十八年條。

③ 嚴復在《天演論》的〈譯例言〉中引用了「修辭之誠」、「辭達而已」、「言之不文，行之不遠」的話，認爲「三者乃文章正軌，亦即譯事楷模。故信、達而外，求其爾雅。」

④ 《新民叢報》第一號〈介紹新著〉。

⑤ 《嚴幾道詩文鈔》卷四〈與梁任公論所譯《原富》書〉。

⑥ 同註②。

⑦ 阿英《晚清小說史》（香港太平書局），頁二。

⑧ 蔡景康〈黃遵憲小說見解述略〉中云：「嚴復、夏曾佑在〈國聞報附印說部緣起〉一文中，關於『書傳之界之大小，即以其與口說之語言相去之遠近爲比例』的重要論述，及梁啓超在〈論小說與羣治

之關係〉中關於「欲新一國之民，不可不先新一國之小説」等著名論點，都可以看作是黃遵憲這一見解的延續和深化。」

⑨ 錢譜光緒二十八年條。

⑩ 梁啓超〈新中國未來記緒言〉，見《飲冰室合集》之專集第十九册。

⑪《黃遵憲與日本友人筆談遺稿》〈戊寅筆話〉卷二一，第一百四十四話。

⑫ 一九八〇年在美國威斯康辛大學舉行的首屆國際《紅樓夢》研究會，會議主持人潘重規教授在開幕詞中，曾將黃遵憲這段評《紅樓夢》的話作爲開場白，並指出：「我認爲黃公度先生這段話，今天無論是中國人，或者全世界的朋友，都認爲是對的，今天我們在此地舉行這個研討會，也就證明了黃遵憲先生的話是正確的。」見《中報月刊》一九八〇年第八期。

⑬ 鄭海麟《黃遵憲與近代中國》，頁七一。

⑭ 同註⑪。石川鴻齋言：「民間小説傳敝邦者甚少，《水滸傳》、《三國志》、《金瓶梅》、《西遊記》、《肉蒲團》而已。」

⑮ 同註⑬。

⑯ 梁啓超《新大陸遊記節錄》附錄二〈夏威夷遊記〉，頁一八九。

⑰ 簡恩定〈學古與創新——黃遵憲《人境廬詩草》評議〉一文中，曾舉袁宏道〈雪濤閣集序〉及袁宗道〈論文上〉爲例，指出黃遵憲所説的文學代變、古不必優於今的觀念並非創見，而是「晚明公安文

學主張的再現」。

⑱《日知錄集釋》卷二十一「詩體代降」條。

⑲袁枚《隨園詩話》卷七。

⑳趙翼〈論詩〉，《甌北全集》卷四十六。

㉑前揭書卷二十八。

㉒同註⑳。

㉓見唐文英《龔自珍詩文選注》，頁一三一。

㉔見《嶺南學報》第二卷二期。

㉕光緒三十年七月四日〈致飲冰室主人手札〉中云：「吾論詩以言志爲體，以感人爲用。」見錢譜光緒三十年條。

㉖《周禮》〈春官〉「大師」注。見《十三經注疏》第四《周禮注疏》卷二十三。

㉗見楊向時〈黃遵憲詩體改革運動之研究〉。

㉘見張正體、張婷婷合著之《詩學》，頁二〇九。

㉙見《王子安集》卷三。《全唐詩》在詩題上原無「送」字，據《文苑英華》補上。

㉚《韋蘇州集》卷一。

㉛范文瀾《文心雕龍注》之〈辯騷第五〉注三二。

㉜ 白居易〈與元九書〉，見《白氏長慶集》之《白氏文集》卷二十八。

㉝ 《梅堯臣集編年校注》卷七。

㉞ 趙翼《甌北詩話》卷五。

㉟ 方東樹《昭昧詹言》卷十一〈總論七古〉。

㊱ 如錢仲聯說：「史漢文法，用之於詩，壁壘一新」；王蘧常《國恥詩話》云：「連疊十六將軍字，蓋效史公《魏公子無忌傳》。」

㊲ 錢仲聯《人境廬詩草箋注》之〈前言〉。

㊳ 錢譜光緒二十八年條。

㊴ 見鄭子瑜《詩論與詩紀》書中〈談黃公度的南遊詩〉一文，頁二一。

㊵ 梁啓超《飲冰室詩話》第六十三則。

㊶ 前揭書第四則。

㊷ 關於「新理想」、「舊風格」的解釋，梁啓超在〈夏威夷遊記〉中曾云：「欲爲詩界之哥倫布、瑪賽郎，不可不備三長：第一要新意境，第二要新語句，而又須以古人之風格入之，然後成其爲詩。」葉朗在《中國美學的臣擘》第五章〈梁啓超的美學〉中說：「所謂『舊風格』，是指用中國古典詩詞的體裁格律；所謂『新意境』，是指表現改良主義與愛國主義的思想內容。」此外，李師瑞騰在《晚清文學思想之研究》論文中第一四七頁也指出：「『新理想』係指內容題材的處理上特具一種

合乎時代需求的創新意圖……而所謂『舊風格』當然是指過去舊有的詩之形式——五七言的古近體。」以上三說均可參閱。

㊸ 吳天任《黃公度先生傳稿》，頁四三六。

㊹ 同註㊸，頁四三九。

㊺ 康有爲〈人境廬詩草序〉。

㊻ 錢譜光緒三十一年條。

㊼ 張元濟〈嶺南詩存跋〉：「瑤峒月夜，男女隔嶺相唱和，興往情來，餘音嬝娜，猶存歌僊之遺風。一字千迴百折，哀厲而長，俗稱山歌，惠、潮客籍尤甚。」

㊽ 《胡適作品集》第八冊《五十年來中國之文學》，頁九七。（原《胡適文存》第二集第二卷）

㊾ 羅香林藏黃遵憲手寫本〈山歌〉，詩後有題記五則，此爲第一則。

㊿ 同前註第五則：「僕今創爲此體，他日當約陳雁臯、鍾子華、陳再薌、溫慕柳、梁詩五分司輯錄。我曉岑最工此體，當奉爲總裁。彙選成篇，當遠在《粵謳》上也。」

51 同前註第二則。

52 鄭振鐸《中國俗文學史》下册。

53 此詩最早發表於一九二五年十一月七日《京報・文學週刊》第四十一期，題作「五十首」，實只四十八首，是董魯安先生所輯。其後，由北京文化學社出版的高崇信等校點本《人境廬詩草》轉載收入，以爲附錄，但多出一首。至一九五七年十一月二十八日，新嘉坡《星洲日報》刊出五十首全文，此詩始獲全璧。以三本互勘，實有五十一首。全詩見於《人境廬集外詩輯》頁八—十一。

㊹ 見卷五〈拜曾祖母李太夫人墓〉及古直箋：「月光光，嘉應州兒歌也。」

㊺ 同註㊽，頁九九。

㊻ 簡恩定〈學古與創新——《人境廬詩草》評議〉中云：「實際上，此種於句尾夾以無辭之聲的民歌作法，遠在明代萬曆刊本的《詞林一枝》中的〈時尚門五更哭皇天〉歌中即常見。……兩相比較之下，〈時尚門五更哭皇天〉實更爲通俗口語，其中夾以「唔唔唔」之聲，倍增其幽怨之情。至於〈都踊歌〉則顯然已有文人氣息，加「荷荷」之聲，除了展示京都日人舞蹈達旦歡愉之情外，亦可見出黃遵憲模仿、潤色民歌的遺迹。此種情況，和袁宏道重視民歌以致倣作是相似的。」

㊼ 梁啓超〈亡友夏穗卿先生〉，見《飲冰室合集》之文集第十五册。

第四章　黃遵憲詩的內涵論

前　言

詩的內涵，是指存在於作品中的生活材料和作家對它的認識、評價、感情、態度等主觀因素的總合，包括題材以及由此經營而成的表現主題。

所謂「題材」，是指作品所具體描繪的生活事件或現象，是作家根據他對生活的體驗和理解，從大量素材中選擇、集中而成的。一方面受作家的生活經驗、世界觀和思想感情的影響，同時和作家的寫作習慣和表現方式息息相關。

至於「主題」，則是指文學作品通過社會生活的書寫和藝術化的過程所彰顯出來的意義，貫穿全篇，並且主導詩（文）意發展。它是作家對現實生活的觀察、體驗以及對題材的經營處理所得出的結晶。

黃遵憲在〈與周朗山論詩書〉中曾言：「吾身之所遇，吾目之所見，吾耳之所聞，吾願筆之於詩。」由此可知，他的詩歌創作題材的來源，正在於其一生親身經歷的體驗。梁啟超也曾針對此點詳細闡述道：

自其少年，稽古學道，以及中年閱歷世事，暨國內外名山水，與其風俗政治形勢土物，至於放廢而後，憂時感事，悲憤伊鬱之情，悉託之於詩。①

由於他所處的時代，正是風起雲湧的劇變時代，再加上多年外交官生涯的閱歷，這些經驗提供他創作時的特殊題材，使他「於古詩人中，獨具境界」②。這些特殊題材的整體融匯呈現，不難歸納出他一生關懷的重點與創作的主旨——也就是主題思想。因此，唯有先透過對其作品題材的解析，才能顯示出其作品的主題要旨。

因爲黃遵憲詩歌創作的數量極豐，下面的探討就以其《人境廬詩草》（六百四十首）、《人境廬集外詩輯》（含《人境廬集外詩輯補遺》十二首，共二百八十首）爲範圍，至於描繪日本政教歷史、風俗人情的《日本雜事詩》二百首，因其史料價值大於文學價值，應用性大於藝術性，此處暫不論列。

第一節　題材分類

哥德曾說過：「還有什麼比題材更重要呢？離開題材還有什麼藝術呢？如果題材不適合，一切才能都會浪費掉。」③這句話正說明題材的適切與否，關係一首詩的成敗，而詩人在創作時對題材的選擇，也正可顯示出其才思與眼光的高低。作爲晚清傑出詩人的黃遵憲，在題材的選擇上，自有其獨到之處。

黃遵憲詩的題材相當廣泛，大抵可歸納爲十三類：有寫客觀景物與主觀心情的，如寫景詩、詠物詩、行旅詩；有寫歷史現實與自我理想的，如紀事詩、詠史詩、感懷詩；有寫人我之間相互往來的，如酬贈詩、思友詩、送別詩、閨情詩、哀輓詩；有寫言行之間平衡調適的，如議論詩與實用詩。以上的分類，或按詩題、或按內容、或按形式來區分，當然，各類題材之間難免會有部份疊合，但基本上是以題材特殊偏重之處來加以歸類。如〈今別離〉（卷六）一詩，若按詩題分，該歸爲送別類，但它事實上分別歌詠了輪船、火車、電報、攝影等西方的新事物，所以仍把它歸入詠物類。以上的題材分類，雖不能每首都恰如其分，但至少已將其近千首作品予以適切安排。至於各類詩的總數、佔全部詩作的比例，請參閱附錄二所繪製的統計表。

一、客觀景物與主觀心情

自然界的客觀景物，往往是觸動詩人心境轉換的媒介，透過景物素材的描摹，詩興得以寄託，詩情得以排遣，尤其是羈旅途中所感受的風霜之苦，藉著行旅詩的創作，也往往能獲得抒發。黃遵憲長期海外生涯的歷練，一些新鮮的異域景物自然就成爲其特殊的題材，而使他的詩作在晚清詩歌中呈現難得而豐富的異國情調，這不能不說是其題材運用上的一項特色。以下分寫景、詠物、行旅三類詩，加以引例說明。

㈠寫景詩

凡詩中描寫山水花鳥及一切自然界的景物，皆可稱爲寫景詩。這種詩的材料最爲豐富，因爲自然界的景物，都可作爲詩料。宋梅聖俞說：「凡詩意新語工，得前人所未道者，斯爲善矣；必能狀難寫之景如在目前，含不盡之意見於言外，然後爲至也。」④所謂「狀難寫之景如在目前」，就是要把景物寫得活現逼真，與人事生活相結合，使人有真實之感。

黃遵憲此類詩計有五十六首，佔其全部詩作的6%，比例可謂偏低，這可能和他憂勤國事、無暇欣賞有關。錢仲聯《夢苕盦詩話》云：「人境廬詩，於寫景似非所措意，然偶爾興到，亦有佳作。」此論極是。如〈遊豐湖〉（卷一）其一云：

> 西湖吾不到，夢想或遇之。濛濛水雲鄉，荷花交柳枝。今日見豐湖，萬頃青琉璃。持問老東坡，杭穎誰雄雌？浹旬困積暑，潑眼驚此奇。恍如畫圖中，又疑夢寐時。

此詩先從夢境寫起，又把夢境化爲現實。現實比夢境更美，又疑猶在夢中，構思新穎可喜。寓情於景，景中有情，是寫景詩上品之作。錢仲聯《夢苕盦詩話》謂：「余尤喜其〈遊豐湖〉之第一首，閒適之味，令人塵慮頓釋。」當爲中肯之見。又如〈遊豐湖〉第二首：

> 濃綠潑雨洗，森森竹千个。亭亭立荷葉，萬碧含露唾。四圍垂柳枝，隨風任顛簸。中有屋數椽，周遭不為大。羅山峙其西，豐湖繞其左。關門不見山，鑿穴疊石作。前檐響穲稏，後屋旋水磨。扶筇朝看花，入夜不一坐。亭午垂湘簾，倦便枕書臥。

雖然他的詩長於敘事，不大措意於寫景狀物，但「濃綠潑雨洗」一連六句，皆極細膩穠豔。而「前檐響穲稏，後屋旋水磨」二句，一片農村風光，亦盡白描之能事。

此外，如〈游箱根〉（卷三）中云：「烟樹繞千迴，風花眩一瞥。峭壁俯絕壑，旁睨每撟舌。四山呼無人，一墮便永訣。」把登山險狀，形容逼肖。〈登巴黎鐵塔〉（卷六）中云：「離離畫方罫，萬頃開沃壤。微茫一線遙，千里走河廣。宮闕與城壘，一氣作蒼莽。不辨牛馬人，沙蟲紛擾攘。」氣勢雄偉，雖寫登高下望之景，實已襯托出鐵塔之高巍，這種耳目所歷之景，是歷來詩家所少歷之境。又如〈寒夜獨坐臥虹榭〉（卷九）中有句云：「風聲水聲烏烏武，日出月出團團黃。」其中有聲（烏烏武）有色（黃），寫景如繪。

從以上所舉看來，黃遵憲的寫景詩實不乏佳作，即使是他並不滿意的〈春暮〉（見《人境廬集外詩輯》，爲黃遵憲輯《人境廬詩草》時刪）一詩：「落紅委地多於雪，嫩綠成陰淡似烟。門外春歸都不管，雨聲燈影抱書眠。」不僅形象生動，且意境不俗，頗有可觀之處。

(二)詠物詩

凡詩以物興懷，因物引詩，而有詠嘆的意味者，就可稱爲詠物詩⑤。清俞琰〈歷代詠物詩選序〉中言：「詩者發於志，而實感於物，詩感於物，而其體物者不可不工，狀物者不可不切。」⑥由此可知，詠物詩最重要的，是要窮物之情，盡物之態，擬物之聲，極物之感。黃永武先生也指出：「詠物詩即使是將自身站立在旁邊，仍須用主觀的比興方法，而不是直賦客觀的物象而已。易言之，詠物詩的地位與價值，不僅是低層次的物質世界，而是在更高層次的生命世界與心靈世界。沒有生命與心靈的投入，詠物詩變成乾枯的紙剪的機械物象，而絕少動人的情調。」⑦所以詠物詩必須是將無情之「物」，賦以人「情」，才能產生趣味並感動人。

黃遵憲的詠物詩也不多，有三十九首，約佔其全詩的4％。如〈雁〉（卷九）云：

汝亦驚弦者，來歸過我廬。可能滄海外，代寄故人書。四面猶張網，孤飛未定居。匆匆還不暇，他莫問何如？

此詩表面寫雁，其實正反映了作者對逃亡海外的維新志士的懷念和自己在戊戌政變後的處境與心情。「汝亦驚弦者」一句，道出物我之間的一體之感，實有自況的意味。又如〈今別離〉（卷六）第一首云：

別腸轉如輪，一刻既萬周。眼見雙輪馳，益增中心憂。古亦有山川，古亦有車舟。車舟載離別，行止猶自由。今日舟與車，併力生離愁。明知須臾景，不許稍綢繆。鐘聲一及時，頃刻不少留。雖有萬鈞柁，動如繞指柔。豈無打頭風，亦不畏石尤。送者未及返，君在天盡頭，望影倏不見，烟波杳悠悠。去矣一何速，歸定留滯不？所願君歸時，快乘輕氣球。

本詩雖題爲別離，實爲讚美現代交通工具輪船、火車及氣球快捷便利的詠物詩，點出科學文明給人類帶來福利的重大意義。雖有人批評此詩爲「氣象薄俗，失之時髦」⑧，但其實恰恰相反，詩人以銳利的筆鋒，觸及新鮮事物，快然入詩，更增添詩歌生命力，饒富生活氣息，爲詩歌改革開闢了新路。第二首也是發前人所未言：

朝寄平安語，暮寄相思字。馳書迅已極，云是君所寄。既非君手書，又無君默記。雖署花字名，知誰箝緡尾？尋常並坐語，未遽悉心事。況經三四譯，豈能達人意。只有班班墨，頗似臨行淚。門前兩行樹，離離到天際。中央亦有絲，有絲兩頭繫。如何君寄書，斷續不時至？每日百須臾，書到時有幾？一息不相聞，使我容顏悴。安得如電光，一閃至君旁。

詩中歌詠電報能爲人迅速傳遞訊息，加强聯繫，以慰別離之苦。不僅寄意新奇，而且思維活潑，其中「安得如電光，一閃至君旁」，忽發奇想，筆觸新鮮生動，堪稱詠物詩之佳構。

此外，如〈烏之珠歌〉（卷三）中詠馬之譬喻：「沙平風軟四蹄輕，不聞人聲惟馬聲。銀花佩帉露黃帶，紅絨結頂飄朱纓。少年天子萬民看，望塵不及人皆驚。」極盡傳神之妙。〈以蓮菊桃雜供一瓶作歌〉（卷七）中運用了擬人的手法，描摹幾種花的不同神態：「蓮花衣白菊花黃，夭桃側侍添紅妝，雙花並頭一在手，葉葉相對花相當。濃如栴檀和衆香，燦如雲錦紛五色。華如寶衣陳七市，美如瓊漿合天食。」寫來栩栩如生，各具風姿，可謂別開生面。

這些玲瓏巧致的詠物詩，讓小小的「物」展現出一個大千世界。清代的錢泳說：「詠物詩最難工，太切題則黏皮帶骨；不切題則捕風捉影，須在不即不離之間。」⑨黃遵憲以其巧妙的構思與敏捷的觀察力，在有限的詠物詩作中，已初步達到了「工」的境地。

㈢行旅詩

凡是描述遠行、遊覽的一些見聞與感觸的詩，皆屬行旅詩。行旅之作，因地因事不同，在心情上也呈現出抑鬱或暢快的複雜反應。黃遵憲從十八歲因避難出奔大埔三河虛開始，行旅之作便漸多，尤其日後出使各國，遍歷世界四大洲，更爲其行旅詩增添許多前人「未歷之境」的材料。行旅詩雖然也寫景，也感懷，但基本上行旅詩的寫作時空是限定在羈旅中，不像感懷詩的廣泛而普遍。它大半是動態的進行式，而非靜態景物的描繪。一種離鄉背景之情、一份旅途勞頓之苦，再加上一些特殊的體驗，是行旅詩的特色，也是它與詠物、寫景、感懷等詩最大的不同處。這類詩，在集中計有五十首，佔其總作品的5％。如〈武清道中作〉（卷二）五首之一：

> 始識風塵苦，吾生第一回。斗星隨北指，雲氣挾東來，走竟偕牛馬，臣初出草萊。海天千萬里，南望幾徘徊。

描寫詩人初次出遠門，由天津到武清，漸覺風塵之苦，而油然撩起鄉思。

又如〈由上海啓行至長崎〉（卷三）：

> 浩浩天風快送迎，隨槎萬里賦東征。使星遠曜臨三島，帝澤旁流徧裨瀛。大鳥扶搖摶水上，神龍首尾挾舟行。馮夷歌舞山靈喜，一路傳呼萬歲聲。

光緒三年十月，詩人隨駐日公使何如璋、副使張斯桂及翻譯隨從三十多人，在上海乘清廷軍艦海安號使日，數日後安抵日本長崎港。這首紀行之作，充滿天朝大國的狹隘心態，「帝澤旁流」、「一路傳呼萬歲聲」，是黃遵憲尚未開眼看世界前沾沾自喜的作品。

> 一篷涼月冷於秋，萬竹蕭蕭俯碧流。欲擬勾留留不得，明年何處夢黃州。（夜泊高陂其地多竹

・卷五）

黃遵憲歸國有年，復拜新命隨使歐洲，於是乘舟南下，夜泊高陂，時涼月滿篷，竹影浮蕩，不禁生起離家又去，不知何日賦歸之感。〈八月十五夜太平洋舟中望月作歌〉（卷五）：

> 茫茫東海波連天，天邊大月光團圓，送人夜夜照船尾，今夕倍放清光妍。……倚欄不寐心幢幢，月影漸變朝霞紅，朦朧曉日生於東。

這是詩人由駐美國舊金山總領事任假歸，八月十五夜，舟行太平洋上，仰對明月，思親情切。回顧歷程，感慨殊深。詩中寫景、敘事、議論、抒情自然結合，渾成一體，是行旅詩中的佳篇。

二、歷史現實與自我理想

詩歌除了抒情遣興，還有反映當代政治社會的功能，因此，一旦時代政治變動混亂，文學創作的方向就自然會從純粹描繪客觀的外在事物，慢慢轉移到抒發個人處身亂世所興起的悲哀嘆惋。透過詩歌，現實世界的事件與歷史現象成爲人類的有形記憶。透過詩歌，詩人寄寓了理想的熱情與挫敗的悲情，同時也引發讀者對於詩人生命真相展開思考，付出關切。黃遵憲，這位富於熱血而多淚的詩人，身居世變日亟的晚清，雖欲展黃鵠高志，却又無力挽狂瀾於既倒，只能徘徊在現實與理想之間，鬱鬱失意。這種「冰炭滿懷抱」（陶淵明〈雜詩〉）的矛盾衝突，與「登城不見黃旗影，獨有斜陽咽暮笳」（京師・卷十）的蒼涼無奈，都具體地呈現在他的紀事、詠史、感懷等類詩篇中。這些作品，使我們宛如親歷般看到清帝國傾頹前的掙扎與詩人深沈的喟歎。

㈠紀事詩

凡就特定事件（尤其是時事）所吟詠鋪敘的詩篇，均屬紀事詩。雖然在感懷詩中也有憂時傷世之作，但那是普遍而廣泛的情懷，不是針對某一特定人事所感發的。我國的紀事詩，沒有抒情、寫景、詠物詩那麼發達，因爲紀事詩不只申吐個人內在的情懷，還必須對外在世界的事實加以客觀的觀察與批評。其較大的結構與超越他人的批判識見，若非能詩者實在不易駕馭。黃遵憲因經世思想之趨策，對於現實社會的種種黑暗，常以淋漓傾瀉的筆調，作嚴厲的指控，踔厲激昂之氣，頗能發人深省。這類作品計有一百八十一首，佔其全部詩作的20％，是其作品類型中比例最高者。如〈紀事〉（卷九）：

貫穿星連熠熠光，穹廬天蓋暮蒼蒼。秋風鼓吹妃呼豨，夜雨鈴聲訇禿當。十七史從何處說，百年債看後來償。森森畫戟重圍柝，坐覺今宵漏較長。

此詩所紀爲戊戌政變作，詩人被派兵圍守，險遭不測之事，表現作者對保守派鎮壓維新志士的不滿和譴責。詩中借典抒懷，用語委婉，情深而不露。

又如另一名篇〈紀事〉（卷四），寫他任舊金山總領事時，目擊美國兩黨選舉的經驗。詩中云：

彼黨訐此黨：黨魁乃下流。少作無賴賊，曾聞盜人牛。又聞挾某妓，好作狹邪游。……此黨訐彼黨，眾口同一咻。……眾人耳目外，重以甘言誘。……指此區區物，是某託轉授。懷中花名冊，出請紀誰某。……烏知選總統，所見乃怪事。怒揮同室戈，憤爭傳國璽。大則釀禍亂，小亦成擊刺。尋常爪蔓抄，逮捕遍官吏。至公反成私，大利亦生弊。

全詩以直敘手法，寫事狀物，筆觸細膩；描摹心理，形象生動。詩句幽默，偶用誇張手法，揭露和鞭撻美國兩黨選舉的弊端。

又如〈哭威海〉（卷八）一詩，悲歎日寇犯威海，清軍敗績，劉公島陷落之事。詩云：

海與陸，不相容，敵未來，路已窮，敵之來，又夾攻。敵大來，先拊背，榮城摧，齊師潰。……船資敵，力猶可；礮資敵，我殺我。危乎危，北山嘴，距南臺，不尺咫，十里牆，薄如紙，李公睡，戴公死。寇深矣！事急矣！

威海衛一役，是中日甲午戰爭中一次最屈辱的海戰，面對此一慘痛現實，作者的悲慟與憤怒溢於言表。另外全詩皆用三字句，音節短促，扣人心弦。

〈聶將軍歌〉（卷十一），則是歌頌晚清愛國將領虬髯將軍聶士成的一篇力作。詩云：

將軍追賊正馳電，道旁一軍路橫貫，齊聲大呼聶軍反，火光已射將軍面。將軍左足方中箭，將軍右臂幾化彈。……外有虎豹內豺狼，嗸嗸犬吠牙強梁。一身眾敵何可當？今日除死無可望。非戰之罪乃天亡。天蒼蒼，野茫茫，八里臺，作戰場。赤日行空塵沙黃，今日被髮歸大荒。左右攙扶出裹瘡，一彈掠肩血滂滂，一彈洞胸胸流腸，將軍危死坐不僵……

全篇文辭壯麗委婉，句法跌宕跳躍，把聶將軍一段戎馬生涯及生死榮哀的經歷，以史家筆法客觀地呈現，情感激烈，讀來令人震撼。

〈番客篇〉（卷七），也是著名的長篇紀事詩，以華僑婚禮爲背景，描述了當地的生活風習。如：

今日大富人，新賦新婚行。插門桃柳枝，葉葉何相當。垂紅結彩毬，緋緋數尺長。上書大夫第，照耀門楣光。中庭壽星相，新筦供中央，隱囊班絲細，坐褥棋局方，兩旁螺鈿椅，有如兩翼張。

同時，通過蒜髮叟對參加婚禮的幾位座上客的介紹，說明了華僑在南洋一帶艱苦創業的情況，他們對祖國、故鄉的深切懷念，以及有國難歸的悲苦心情，抒發詩人對國勢衰敗的慨嘆。如：

一聞番客歸，探囊直啟鑰，西鄰方責言，東市又相斮，親戚恣欺凌，鬼神助咀嚼。曾有和蘭客，攜歸百囊橐，眈眈虎視者，伸手不能攫，誣以通番罪，公然論首惡。……堂堂天朝語，祇以供戲謔。譬彼猶太人，無國足安託？鼯鼠苦無能，橐駝苦無角。同族敢異心，頗奈國勢弱。

雖則有室家，一家付飄泊……

全詩筆觸細膩，描述生動，具有濃郁的異國生活氣息。

黃遵憲的紀事詩，在語言上大都能貫徹其「我手寫我口」的主張，並且純熟運用「古文家伸縮離合之法以入詩」的技巧，在藝術價值上超過其他類的作品。他的詩歌之成就在此，他畢生關注的焦點也在此。

這類詩篇尚有不少，如〈馬關紀事〉五首（卷八）、〈悲平壤〉（卷八）、〈東溝行〉（卷八）、〈台灣行〉（卷八）、〈流求歌〉（卷三）、〈逐客篇〉（卷四）、〈天津紀亂〉十二首（卷十）等，都令人激賞。他之所以被稱爲「詩史」，正是因爲他的詩歌真實而生動地爲時代做了最佳的見證。

㈡詠史詩

凡詠述歷史上的人、事的詩篇，均屬詠史詩。它在時間上較紀事詩廣泛、久遠，也不像紀事詩那樣與詩人的時代緊密結合。它與懷古詩很接近，但不必如懷古詩一定先從地理上引起史事。黃遵憲懷古之作很少，故併入此類。總計此類有二十二首，佔其全部詩作的2%。通常詠史或懷古，大都是外在世界的人事已非或興盛衰靡所致，撫今追昔，嗟惜之情不禁油然而生。由於在現實政治上的有志難伸，使他對歷史上一些悲壯人物或事件倍覺心有戚戚焉。如〈赤穗四十七義士歌〉（卷三），便是黃遵憲長篇詠史詩之一。寫日本赤穗地區四十七名義士爲主報仇，後被賜死的悲壯史實。元氣淋漓，一氣呵成，言語靈活生動，情節安排高潮起伏不斷，人物雖衆多，卻形象栩栩如生。詩中云：

> 臣等事畢無所求，願從先君地下游。國家明刊有臯繇，定知四十七士同作檻車囚，不願四十七士戴頭如贅疣，唯願四十七士駢死同首丘，將軍有令付管勾，網輿分置四諸侯。明年賜劍如杜郵，四十七士性命同日休。

把義士慷慨赴義，正氣貫日月的節操，用鮮明的筆觸，勾劃得生靈活現。

又如〈長沙弔賈誼宅〉（卷八）：

> 寒林日薄井波平，人去猶聞太息聲。楚廟欲呼天再問，湘流空弔水無情。儒生首出通時務，年少羣驚壓老成。百世為君猶灑淚，奇才何況並時生。

藉賈誼弔屈原，自己弔賈誼，來表達異代同調的惋惜，其身世之感明白流洩，令人欷歔不已。

㈢感懷詩

凡是詩人對於自身的遭遇，或是意外的刺激，或是家國大事、景物興替等有所感觸，所寫出來的詩篇，就是感懷詩。這一類作品的重點在於流露詩人主觀的情緒變化，範圍也甚廣，《文心雕龍》〈物色篇〉云：

是以詩人感物，聯類不窮。流連萬象之際，沈吟視聽之區；寫氣圖貌，既隨物以宛轉；屬采附聲，亦與心而徘徊。

對周遭景物變化極具銳敏觀察力的詩人，人生情境的投射，往往能對應出一篇篇精彩之作。在黃遵憲的詩中，此類作品不少，有一百三十四首，佔其全部詩作的15%。其中或傷國事凌夷，或歎懷才不遇，或觸景生感，或即事動懷，大率能抒一己之鬱，暢一己之悶。如〈遊潘園感賦〉（卷一）：

神山左股割蓬萊，惘惘游仙夢一回。海水已乾田亦賣，主人久易我才來。棲梁燕子巢林去，對鏡荷花向壁開。彈指須臾千載後，幾人起滅好樓臺！

詩人至廣州遊潘氏林園，深覺今非昔比。當年望族府第，如今成了尋常巷陌，怎不興起蒼海桑田之歎？

二十餘年付轉車，自摩髀肉問何如？暫垂鵬翼扶搖勢，一學蠅頭世俗書。蕩蕩天門爭欲上，茫茫人海豈難居。尋常米價無須問，要訪奇才到狗屠。（將應廷試感懷．卷二）

黃遵憲於同治十一年考取拔貢，翌年鄉試落榜，隔一年北上會試。這首詩是出門時寫的，詩中毫不掩飾他那種躍躍欲試，冀盼一舉成名的自信，只可惜這次廷試依然失敗。他一生科場失意，抒發不平之鳴的詩篇不少。

〈海行雜感〉十四首（卷四），是詩人由日本赴美途中感念身世而作，如第五首云：

中年歲月苦風飄，強半光陰客裏拋。今日破愁編日記，一年卻得兩花朝。

其中既有垂花飄零之慨，又有對國際換日線的描寫，在當時而言，也算是新奇之作。

湖海歸來氣未除，憂天熱血幾時攄？千秋鑑借吾妻鏡，四壁圖懸人境廬。改制世方尊白統，罪言我竊比黃書。頻年風雨雞鳴夕，灑淚挑鐙自卷舒。（日本國志書成誌感・卷五）

《日本國志》，是黃遵憲費時八九年的心血之作，書成而喜，以詩抒感。「憂天熱血」，自道寫書目的，全詩洋溢著維新改革，拯救國家民族的熱情。

〈鬱鬱〉（卷六）一詩，則道盡了傳統知識份子久困下僚的悲哀。詩云：

鬱鬱久居此，依依長傍人。梨花今夜雨，燕子隔年春。門掩官何冷，燈孤僕亦親。車聲震牆外，滾滾盡紅塵。

黃遵憲出使駐英經年，每憤時勢之不可爲，感身世之不遇，依傍他人，難有作爲，故孤燈隻影，不勝落寞之感。全詩充滿蒼涼悒鬱的情調。

〈香港感懷〉十首（卷一），則係因景觸懷的悲憤之作，不僅揭露英國發動侵略戰爭的野心和罪惡，而且也譴責清政府割讓香港的賣國行徑，充滿愛國主義精神。如第二首云：

豈欲珠崖棄，其如城下盟。帆檣通萬國，壁壘逼三城。虎穴人雄據，鴻溝界未明。傳聞哀痛詔，猶灑淚縱橫。

慨嘆弱肉强食，禍及邊陲。憂國憂民者，當灑淚一哭。

第三首云：

酋長虬髯客，豪商碧眼胡。金輪銘武后，寶塔禮耶穌。火樹銀花耀，氈衣繡縷鋪。五丁開鑿後，欲界亦仙都。

全詩痛陳香港已成外人世界，豪商巨富，盡屬洋人，市面雖繁榮，但已成爲「慾界」。

黃遵憲的感懷詩，大都寄寓家國之思，以大我（政治、社會）環境爲關懷重點，至於小我的悲喜，反倒其次。

三、人我之間的酬酢往來

人不能脫離羣居而獨立，因此酬贈往來便成爲維繫人際關係的必要手段。但是隨著彼此間心靈契合的程度，和精神交流的深淺，友誼自然也有貌合神離和志同道合的差異。黃遵憲一生交遊廣闊，接友衆多，不論是傳統士大夫，或是前進的維新志士，他都有所送迎，其中大部分都是相知相敬的優秀份子，因此黃遵憲便寫下了大量的酬贈詩作，或應酬，或思友，或送別，或哀輓，都能熱情洋溢，真實自然。一些描敘家庭生活及男女情感的閨情詩，也流露出詩人親切多情的一面。透過這些筆墨酣暢、觸角寬廣的作品，我們可以看出他的社會生活與內心世界，晚清社會與人物的多樣形貌，在其中也獲得局部但真實的刻劃。

㈠酬贈詩

凡是宴酬、唱和、贈答的詩篇，均屬酬贈詩。此類作品往往缺少真情實感。元遺山曾指其流弊爲：「窘步相仍死不前，唱醻無復見前賢。縱橫正有凌雲筆，俯仰隨人亦可憐。」⑩黃遵憲出使外國十餘年，加上所接都是文人學士，交遊廣闊，難免相互酬酢以聯絡感情，不過，由於所作能抒一己之懷或寄憂時傷世之情，故實不宜視爲「糟粕」而一概捨棄。

黃遵憲這類的作品計有九十首，約佔其全詩之10%。大致而言，在日本時率爲應酬，用情不深，境界不高，但政變放歸之後，他與丘逢甲大量的唱和詩，卻寄寓深遠，真情流露，應爲糟粕中的「精金良玉」。如〈久旱雨霽丘仲閼過訪飲人境廬仲閼有詩兼慨近事依韻和之〉（卷十）：

> 生菱碎盡賸湖光，未落秋花半染霜。舉國山河故無恙，驚心風雨既重陽。麻鞋袞袞趨天闕，華蓋遲遲返帝鄉。話別黃龍清酒約，欷歔無語忍銜觴。

〈再用前韻酬仲閼〉（卷十）：

> 夜雨紅燈話夢梁，人言十事九荒唐。任移斗柄嗟王母，枉執干戈痛國殤。博戲幾人朱果擲，劫灰遍地白蓮香。殘山一角攜君看，差喜無須割地償。

黃丘二人互相依韻贈答之作，一直到〈八用前韻〉才止，詩中所寫大抵以義和團之亂與八國聯軍之禍諸事爲主，多懷君事，少叙私情。在與朋友贈答詩中，以丘逢甲最多，這是二人身世相近，感憤國事之情也相同，所以才會一見如故，深歎相見恨晚。另外如〈酬曾重伯編修〉（卷八）一詩：

廢君一月官書力，讀我連篇新派詩。風雅不亡由善作，光豐之後益矜奇。文章巨蟹橫行日，世變羣龍見首時。手擷芙蓉策虬駟，出門惘惘更尋誰？

雖是酬贈之作，卻自道改革詩體之志，其意義實在酬酢範圍之外。至於〈贈梁任父同年〉（卷八）組詩六首，更是充滿贊賞、鼓勵及期待之情，如第六首云：

青者皇穹黑劫灰，上憂天墜下山隤。三千六百釣鼇客，先看任公出手來。

詩中慨嘆世道衰微，人遭劫運，天地有崩頹之勢，希望梁啓超能挺身而出，挽狂瀾於既倒，可看出詩人關懷國事，爲民請命的精神。

至於在日本時與友人酬酢之詩，其中也有情意真摯者，如〈奉命爲美國三富蘭西士果總領事留別日本諸君子〉（卷四）五首之第一首：

遠泛銀河附使舟，眼看滄海正橫流。欲行六國連衡策，來作三山汗漫游。唐宋以前原舊好，弟行之政況同仇。如何甌脫區區地，竟有違言為小球。

詩中先叙來日初衷，爲欲連衡對敵。繼述中日爲兄弟之邦，日竟違言佔我琉球，引起爭端。這首詩雖是致贈日本友人之作，但直言不諱，微言大義，溢於言表，這就非一般敷衍應酬的詩可比了。

大體而言，輯入《人境廬詩草》中的酬贈詩，多係寓意深刻、藉事寄懷，雖非篇篇精金良玉，但至少絕非糟粕。而見於《人境廬集外詩輯》中的，則佳構較少，如〈爲張貞子丈題梅花生日圖〉、〈宮本鴨北以櫻花盛開招飲長華園即席賦詩〉、〈鶴田嫩姹先生今年八十夫人亦七十其子元縞官司法省來乞詩上壽賦此以祝〉等，都是吟風詠月，缺乏真性實情的酬贈之作，幸好這類詩並不多，而且作者將它們刪除在詩集外，可見已自知其弊。

㈡思友詩

懷念好友，遙寄祝福之詩篇，皆屬思友詩。送別只是短暫時間，懷念卻是久遠。黃遵憲友人中，有的是達官貴人，如日本的源桂閣、伊藤博文，國內的陳寶箴、袁昶、張蔭桓等；有的是詩人文士，如日本的重野安繹、宮本小一，國內的丘逢甲、胡曉岑等。雖然有日本、琉球、朝鮮國籍之別，但他所結交的友人中，率多富有維新思想，尤其是曾一同參與維新變法的志士，更是他終生思念之所繫。在他的詩作中，思友詩計有一百零五首，佔其全部作品的11％，比例可謂不低。如光緒十六年十二月所作〈歲暮懷人詩〉（卷六）三十六首，即分詠其三十五位知交好友：

赤嵌城高海色黃，乍銷兵氣變文光。他年番社編文苑，初祖開山天破荒。

詩中詠晚清著名詩人丘逢甲，對他在台灣組織民衆，抵抗侵略，講學不輟，大興文風，深致讚美之意。

珠江月上海初潮，酒侶詩朋次第邀。唱到招郎弔秋喜，桃花間竹最魂消。

本詩追憶青年時和陳乙山同浮畫舫於珠江之上，詩酒留連，笙歌滿座的風流韻事，頗饒生活情趣，得見性情。

第二年（光緒十七年）又作了〈續懷人詩〉（卷七）十六首，表達對各國友人懷念之情。

創獲奇香四百年，散花從此徧諸天。支那奇字來何處，拏問蔦菸說藥烟。

敘述和日本友人伊藤博文一次聊天的情景，以事寄情，既含蓄又生動。

一龕燈火最相親，日日車聲輾麴塵。絕勝海風三日夜，拏舟空訪沈南蘋。

詩中追述在日本時，詩人宮島誠一郎家居與使館僅隔一街，故每見輒論詩，交往之深，於此可見。

情感豐富的黃遵憲，光緒二十五年又作〈己亥續懷人詩〉（卷九）二十四首，這組詩全部是對維新同志或共事諸友的懷念，自陳寶箴以下至唐才質，凡二十八人。

頭顱碎擲哭瀏陽，一鳳而今躪楚狂。龜手正需洴澼藥，語君珍重百金方。

詩中毫不遮掩其對譚嗣同殉難的悲憤，同時對「瀏陽雙傑」之一的唐才常，表達出殷切的祝福。

謬種千年兔園冊，此中埋沒幾英豪。國方年少吾將老，青眼高歌望爾曹。

正如杜甫「青眼高歌望吾子，眼中之人吾老矣」⑪的心情一般，作者對李炳寰、蔡艮寅、唐才質三人深表期待之勉勵，而且不忘抨擊清朝統治者迫害維新志士的罪行與扼殺人才的科舉制度。

黃遵憲之思慕友人，正流露出自己的心志理想與懷才不遇的無奈。

㈢送別詩

江淹〈別賦〉云：「黯然銷魂者，唯別而已矣。」足見離別一事，對人衝擊之强烈。雖然送別詩也屬廣義感懷詩之一種，但因這類詩側重離別剎那間的傷感，故別爲一類。黃遵憲知交滿天下，且又行踪多移，送別之作在所難免，計有二十七首，佔其全部詩作的3%。如〈送秋月古香歸隱日向故封即用其留別詩韻〉（卷三）：

昨日公侯今老農，飄然掛冠歸舊封。忙時蠟屐閒扶筇，空山猿鶴長相從。觚棱帝闕春夢濃，醒來忽隔天九重。天風吹袂雲盪胸，云胡不樂心溶溶。人生一別難相逢，落月屋梁思子容。他時子倘思吾儂，雞鳴西望羅浮峯。

詩中讚頌了友人胸懷坦蕩、愛好清幽的高雅情操，文詞直抒胸臆，表現詩人真摯的情誼。〈閏月飲集鍾山送文芸閣學士假歸兼懷陳伯嚴吏部〉（卷八）：

潑海紅霞照我杯，江山如此故雄哉。馬蹄蹴踏西江水，相約扶桑濯足來。

本詩借酒抒懷，謳歌故國大好山河，詠讚友誼之可貴。「潑海紅霞照我杯」一句，可謂豪邁雅麗。〈送女弟〉（卷一）三首，該是送別詩中獨樹一幟之作，情感婉折迴環，細膩感人，絕非流於應酬之作。詩第一首云：

阿爺有書來，言頗傾家貲。箱匳四五事，莫嫌嫁衣希。阿母開篋看，未看先長欷。吾家本富饒，頻歲遭亂離。累葉積珠翠，歷劫無一遺。舊時典衣庫，爛漫堆人衣。今日將衣質，庫主知是誰？掃葉添作薪，烹穀持作糜。尺布尚可縫，親手自維持。行行手中線，離離五色絲。一絲一淚痕，線短力既疲。即此區區物，艱難汝所知。所重功德言，上報慈母慈。

詩中叙述長妹出嫁卻匳儀不豐，乃因家道中落之故，勸慰勿嫌粧奩不厚，應念慈母劬勞之身教言教。

一片手足愛悌之情，滲入字裏行間，開導得體，語言有味，於平淡中見真情，堪稱妙筆。

㈣閨情詩

描寫男女之情，閨幃之思的詩篇，可稱爲閨情詩。嚴格來說，作爲一名關懷世事的愛國詩人，黃遵憲是絕少提筆創作此類詩篇。在其全部詩作中，只有少數幾首，如〈又寄內子〉、〈九姓漁船曲〉等。但若將〈山歌〉等民歌歸入，則計有七十四首，佔其全部詩作的8%。

十年離聚不知愁，今日分飛獨遠遊。知否吾妻橋上望，淡烟疏柳數行秋。（又寄內子・卷二）

詩中自述赴日後的思念心情。惆悵愛念兼而有之，難得的纏綿之作，也顯示出詩人情意的濃烈真摯。〈九姓漁船曲〉（卷四）也是通篇記妾妓之言：「玉女青廬隔牖窺，徑就郎懷歌婉轉。婉轉偎郎倚郎坐，不道魯男真不可。此時忍俊未能禁，此夕消魂便真箇。」將女子曖昧羞澀之心思，用白描語句直接寫出，頗具民歌風味，算是其集中異調之作。

此外，描寫民間男女唱答、興往情來的〈山歌〉，與刻劃初嫁女子心理活動的〈新嫁孃詩〉，也屬此類。如〈山歌〉（卷一）：

自煮蓮羹切藕絲，待郎歸來慰郎飢。為貪別處雙雙箸，只怕心中忘卻匙。

見郎消瘦可人憐，勸郎莫貪歡喜緣。花房蝴蝶抱花睡，可能安睡到明年？

這都是男女言情之作，寫婦女真摯的愛情。言淺意深，以方言入詩，且多雙關諧音詞，風趣生動。

又如〈新嫁孃詩〉：

前生註定好姻緣，彩盒欣將定帖傳。私看鸞庚偷一笑，個人與我是同年。（第一首）

卿須憐我我憐卿，道是無情卻有情。幾次低聲問夫婿，燭花開盡怕天明。（第十八首）

閒凭郎有坐綺樓，香閨細事數從頭。畫屏紅燭初婚夕，試問郎還記得不？（第五十一首）

這幾首詩都歌詞通俗、深情似海，把女子細密的心思毫不掩飾地道出。這種民歌比起一般純寫男女相思的濫情之作要高明太多。

㈤哀輓詩

凡是悼輓、哀傷故舊的詩篇，就是哀輓詩。其中以悼亡之作最爲真摯感人，黃遵憲此類作品不多，有三十三首，佔其全部詩作的4％。或追慕，或評論，真情充分流露，頗有可觀之處。如〈爲詩五悼亡作〉（卷一）：

畫閣垂簾別樣深，回廊響屧更無音。平生愛爾風雲氣，倘既消磨不自禁。

正如同宋梅堯臣〈悼亡〉詩所言：「世間無最苦，精爽此消磨。」⑫這首詩將梁詩五喪妻之痛，極其傳神地刻劃出來，短短幾句，哀思無盡。

〈拜曾祖母李太夫人墓〉（卷五）是一首長篇叙事詩，很明顯受樂府〈孔雀東南飛〉的影響，但又如作者所言：「取其樂府之神理而不襲其貌」，文字質樸，清新似話，鋪陳兒時舊事，親情世態，家務龐雜，使人歷歷如在目前。詩中起首云：

鬱鬱山上松，呀呀林中烏，松有蔭孫枝，烏非反哺雛。

很明顯地使用比興技巧，祖孫相依之情不言可喻。

樹靜風不停，草長春不留。世人盡癡心，乞年拜北斗。百年那可求，所願得中壽。謂兒報婆恩，此事難開口。求母如婆年，兒亦奉養久。兒今便有孫，不得母愛憐。愛憐尚不得，那論賢不賢。上羨大父福，下傷吾母年。呼嗟無母人，悠悠者蒼天。

字裏行間，充滿了對曾祖母、母親的無限懷念與哀思。胡適在〈五十年來中國之文學〉中說：「此詩能實行他的『我手寫我口，古豈能拘牽』的主張。」⑬確是的論。

此外，如〈李肅毅侯挽詩〉（卷十一）四首，是哀悼李鴻章之作。雖然李鴻章曾經賞識黃遵憲，譽爲霸才⑭，而令他有「人哭感恩我知己，廿年已慨霸才難」的知遇之情，但針對李鴻章一些錯誤的決策，他直言不諱，雖爲哀輓，卻不盡是推崇，正可見出黃遵憲不隨流俗的直樸性情。詩第三首云：

畢相伊侯久比肩，外交內政各操權。撫心國有興亡感，量力天能左右旋。赤縣神州紛割地，黑風羅剎任飄船。老來失計親豺虎，卻道支持二十年。

在此，他毫不留情地抨擊李鴻章訂定中俄密約的昏庸誤國，但也不禁要爲李鴻章「老來失計」而歎惜不已。

四、言行之間的平衡調適

黃遵憲是不畏流俗、具獨立判斷識見的知識份子。針對國事日非，他憂心忡忡；目睹政局紛擾，他積極奔走；當外力入侵，他大肆抨擊；即使去職歸鄉，他依然不改愛國憂民之志。源於這種經世之念，富有批判色彩的議論詩作便成爲他意見表達的媒介，也由於這種振衰起弊的自我期許，他才費心創製了一些以實用爲目的的詩歌。從言論表達到行爲實踐，黃遵憲確實經歷了一番自我調整。政治生命雖已結束，但教育理想却在他自然生命終止前，成爲他全部心力關注的焦點。從年輕時充滿熱情的批判性格，到晚年時歸於平淡的心態，隱約透露出這位詩人深沈挫折後的無奈心境。

㈠議論詩

凡是抒發個人見解，說理評事的詩篇，都可算是議論詩。黃遵憲的議論詩，主要集中表現在他對詩界革新的主張與對傳統儒家的批判上。由於對復古詩風的不滿，他立意要「別創詩界」；由於對保守迂儒的泥古作風大起反感，所以他大肆抨擊。這些見解比文學藝術更重要的議論詩，大多完成在他青年時期。如〈感懷〉（卷一）：

> 世儒誦詩書，往往矜爪嘴。昂頭道皇古，抵掌說平治。上言三代隆，下言百世俟。中言今日亂，痛哭繼流涕。摹寫車戰圖，胼胝過百紙。手持井田譜，畫地期一試。古人豈我欺，今昔奈勢異。儒生不出門，勿論當世事。識時貴知今，通情貴閱世。卓哉千古賢，獨能救時弊。賈生治安策，江統徙戎議。（其一）

本詩旨在說明政治活動（包括軍事、政治、經濟等）必須結合現實（知今），通過實踐（閱世），不可脫離實際，表達他反對守舊、主張革新的主題命意。

〈雜感〉（卷一）詩云：

俗儒好尊古，日日故紙研。六經字所無，不敢入詩篇。古人棄糟粕，見之口流涎。……我手寫我口，古豈能拘牽。即今流俗語，我若登簡編；五千年後人，驚為古斕斑。（其二）

這是一首論詩詩。詩中嚴正批評一些人的食古不化、拘泥守舊，他們視糟粕爲瑰寶，甘心沿習剽竊。强調向生活學習的必要，主張應該勇於創新，提出「我手寫我口」，有明顯詩歌改革的傾向。

在這樣的體認與思考下，他對箝制讀書人思想與生命力的八股取士制度自然深感不滿，〈述懷再呈靄人樵野丈〉（卷三）一詩，便是他向八股制度宣戰的自白書：

嗚呼制藝興，今蓋六百年。宋元始萌蘗，明制皇朝沿。十八房一行，羣蟻趨附羶。諸書束高閣，所習唯兔園。古今昏不知，各各張空拳。士夫一息氣，奄奄殊可憐。觳觳承平時，無賢幸無奸。小醜一竊發，外患紛鈎連。但辦口擊賊，天下同拘攣。祖宗養士思，幾費大官錢。徒積汗牛文，焉用扶危顛。到此法不變，終難興英賢。中興名世者，豈不出其間。（其一）

詩中論理性强，夾叙夾議，用語精警，憂憤報國之情也在此得到較好的體現。這些說理性强的議論詩，雖然不多，只有四十九首，佔其全部詩作的5%而已，但是其中所宣示的決心與信念，終其一生，他都努力實踐。

㈡實用詩

在黃遵憲近千首詩作中，尚有一些特殊題材的作品，如爲鼓舞士氣而寫的軍歌，或勉勵學生敦品勤學的上學歌等。這些詩並不多，只有六十首，佔其全部詩作的7%，而且都收輯在《人境廬集外詩輯》中，這可能是因其實用性大於文學性的緣故。他目睹清軍在戰場上連連敗北，士氣不振，痛心疾首寫了〈出軍〉、〈軍中〉、〈旋軍〉各八章，每章末一字義取相屬，以「鼓勇同行，敢戰必勝，死戰向前，縱橫莫抗，旋師定約，張我國權。」二十四字殿尾，別具匠心。如〈旋軍歌〉末四章云：

秦肥越瘠同一鄉，併作長城長。島夷索虜同一堂，併作強軍強。全球看我黃種黃。張張張！

五洲大同一統大，於今時未可。黑鬼紅番遭白墮，白也憂黃禍。黃禍者誰亞洲我。我我我！

黑山綠林赤眉赤，亂民不算賊。鐫羌破胡復滅狄，雖勇亦小敵。當敵要當諸大國。國國國！

諸王諸帝會塗山，我執牛耳先。何洲何地爭觸蠻，看余馬首旋。萬邦和戰奉我權。權權權！

梁啓超稱贊此詩：「其精神之雄壯活潑沈渾深遠不必論，即文藻亦二千年所未有也，詩界革命之能事至斯而極矣。吾爲一言以蔽之曰：讀此詩而不起舞者必非男子。」⑮這雖有些過譽，但其愛國思想與尚武精神於此可見。

〈幼稚園上學歌〉十首，也是黃遵憲晚年所寫，歌中用民謠體形式，鼓勵兒童按時上學，切莫偷懶，形式自由活潑，頗有兒歌特色。如：

春風來，花滿枝，兒手牽娘衣。兒今斷乳兒不啼。娘去賣棗梨，待兒讀書歸。上學去，莫遲遲！（其一）

上學去，莫停留。明日聯袂同嬉游：姊騎羊，弟跨牛；此拍板，彼藏鈎。鄰兒昨懶受師罰，不許同隊羞羞羞！上學去，莫停留。（其十）

另有〈小學校學生相和歌〉十九首，歌中期勉小學生要自愛、自尊、合羣、自治、孝親、愛國。如：

聽聽汝小生，人各有身即天職；一身之外皆汝敵，一身之內皆汝責。人不若人吾喪吾，怙父倚天總無益。於戲我小生！絕去奴隸心，堂堂要獨立。（其六）

勉勉汝小生，汝當發願造世界。太平昇平雖有待，此責此任在汝輩。華胥極樂華嚴莊，更賦六合更賦海。於戲我小生！世運方日新，日進日日改。（其十八）

每首歌以一人唱，章末三句則是諸生大合唱，頗能收振奮人心之效，梁啓超稱之爲「一代妙文」⑯。

黃遵憲晚年不問政治，創校興學，獻身於童蒙教育，這些實用詩歌正是他從事教育工作的產物，在近代詩人中，雖也有注意到這類詩歌者，但他的創作是其中的佼佼者。

第二節　主題呈現

從上一節中針對詩歌題材加以分類並舉例說明以後，其主題思想的輪廓便清晰呈現出來。雖然在題材上分爲十三類，但實際上，感時憂國的情懷與有志難伸的無奈，可說是整部《人境廬詩草》的普遍性主題，不僅詩歌數量最多，也最具藝術成就。從感時憂國的心理基礎出發，抨擊腐敗朝政、反對列强侵略、鼓吹種族團結，自然成爲其筆下關懷的重心。而懷才不遇的身世之歎，則無異說明亂世中知識份子恆久的困境與悲情。

以上這兩大主題，交織呈現在近千首的詩作中，或明或暗、或繁或簡，其脈絡均有跡可尋。下面的探討，即以此兩條主線爲準，舉例說明之。

一、感時憂國的情懷

康有爲在黃遵憲歿後三年（一九〇八）曾揭示黃詩的不朽價值在於「上感國變，中傷種族，下哀民生」⑰，此三者正是其詩歌的重要主題。王蘧常序《人境廬詩草箋注》時也提到：「光緒甲午、乙未之際，平壤、東溝、旅順、馬關、台灣、度遼將軍諸歌，其言尤痛。非所謂慮深思危，哀思忠憤者耶？」而錢仲聯在序文中更引申說：

> 先生之世，一危急存亡之世也，而先生之詩，一亡國之詩史也。同、光以來，歷甲午、庚子之變，朝市滄桑，邊關烽火，凡可歌可泣可痛哭可長太息者，舉以納諸詩。……其憂生念亂，人國興亡，成敗盛衰之感，蕩魂撼魄，抑亦變風變雅之遺也。

這些都說明了黃遵憲詩歌中反映現實的企圖與價值。清黃子雲曾說：

> 由三百篇以來，詩不絕於天下者，曰：美君后也，正風化也，宣政教也，陳得失也，規時弊也，著風土之美惡也，稱人之善而謹無良也。故天子聞之則聖敬躋，大夫聞之則訏謨遠，多士聞之則道義明，匹夫匹婦聞之則風節厲，而識其所以愧恥矣。若夫月露之詞，剿襲之說，悠謬

之談，穠纖之句，訣佞之章，有何裨益於世教人心？⑱

黄遵憲的詩，詠史紀事者多，吟花誦月之作少，其動機正在於此。雖然這些感憤時事之作，在當時無法發揮其正風化、規時弊之效，且詩集是在他死後才出版，但無可否認的，這些詩篇在近代中國詩史上始終綻射著燦耀的光芒。當這些寓褒貶、辨忠奸、明善惡的詩作完成時，其實他已盡了一名社會詩人刺世易俗的使命。他對中法戰役、中日戰爭、戊戌政變、義和團事件等，都有感慨淋漓的長篇紀事，對於琉球、台灣、朝鮮、越南的淪陷，也都有沈痛的描述，歷史的追溯、現實的評析、人物的臧否、輿情的觀感，都充分表現出來。以下分項逐次說明。

㈠反對列强之侵略

鴉片戰爭的失敗，正式揭開近代史上帝國主義侵略中國的序幕。從英、法、日的相繼入侵，到最後八國聯軍的大舉出兵，中國逐漸成爲被列强瓜分的半殖民地，隨時可能亡國滅種。身爲愛國知識份子的黄遵憲，不得不挺身而出，痛論列强入侵之不義、無恥。如〈香港感懷〉組詩，就是針對英國佔有香港所發出的悲痛呼聲：

彈指樓臺現，飛來何處峯？為誰割藜藿？遍地出芙蓉。方丈三神地，諸侯百里封。居然成重鎮，高壘矗狼烽。（其一）

又如〈馬關紀事〉（卷八）第一首云：

既遣和戎使，翻貽驕倨書。改書追玉璽，絕使復輅車。唇齒相關誼，干戈百戰餘。所期捐細故，盟好復如初。

詩中表達對日本擴張領土野心的不滿，並期望中日兩國能盡棄前嫌，重歸舊好。

〈書憤〉（卷八）：

一自珠崖棄，紛紛各效尤。瓜分惟客聽，薪盡向予求。秦楚縱橫日，幽燕十六州。未聞南北海，處處扼咽喉。（其一）

抨擊德佔膠州灣，英租威海衛，法據廣州灣，俄借旅順、大連灣。列強恣意在我國土上畫分勢力範圍，眼看國已不國，詩人提出嚴正的警告。

弱肉供強食，人人虎口危。無邊畫甌脫，有地盡華離。爭問三分鼎，擴張十字旗。波蘭與天竺，後患更誰知？（其五）

描寫帝國主義一心想吞併中國，充滿強烈的憂國激情。

〈上岳陽樓〉（卷八）：

巍峩雄關據上游，重湖八百望中收。當心忽壓秦頭日，畫地難分禹迹州。從古荊蠻原小醜，即今砥柱孰中流。紅髯碧眼知何意，挈鏡來登最上樓。

詩人登上岳陽樓，深贊祖國江山壯麗，然目下國事蜩螗，問誰作中流砥柱？西洋勢力已深入中國長江上下游，撫今追昔，不禁悲從中來。

此外，如〈羊城感賦〉（卷一）記述英法聯軍之役；〈和鍾西耘庶常津門感懷詩〉（卷三）第二首則寫沙俄對我國侵略之經過；〈大獄〉四首（卷二），記光緒元年，英繙譯官馬嘉里在雲南被土人所殺，釀成中英滇案交涉。英使威妥瑪步步進逼，終訂立烟臺條約。〈述懷再呈靄人樵野丈〉（卷三），則寫洪楊之亂雖平，但列强仍紛紛入侵中國，他沈痛呼籲國人振作起來共同抵抗。至於〈過安南西貢有感〉（卷六）中云：

高下連雲擁石城，一江直溯到昆明。可憐百萬提封地，不敵彈丸一礮聲。（其二）

則是歎息越南錦繡河山，法軍僅鳴礮示威，就唾手盡得西三省，致使金甌殘破。列强不僅入侵中國，也擴及亞洲其他鄰邦，黃遵憲目睹世變，以詩歌發抒內心對侵略者罪惡的控訴。

㈡批評內亂之不斷

內亂之不斷是對應著列强的入侵所致。當中國面臨外患壓境之危機時，國內的亂事，如太平天國、捻軍、苗民、回民、義和團等變亂一波波湧來，不僅動搖了清廷的統治基礎，也使民族的災難雪上加霜。在黃遵憲詩集中，對這些內憂都有詳細的記載和客觀的評斷。

在批評太平天國亂事方面，如〈乙丑十一月避亂大埔三河虛〉（卷一）中云：

六月中興洗甲兵，金陵王氣復昇平。豈知困獸猶能鬥，尚有羣蛙亂跳鳴。一面竟開逋寇網，三邊不築受降城。細民堅壁知何益，翹首同瞻大帥旌。（其一）

寫太平軍餘黨康王汪海洋擾亂廣東各省，攻陷嘉應州，百姓蒙受其害的情景。其他如〈喜聞恪靖伯左公至官軍收復嘉應賊盡滅〉（卷一）等，都對太平軍的作亂加以指責。

至於有關戊戌變法運動方面，更把批判的矛頭指向以慈禧太后爲首的頑固派，若非執政者的昏庸誤國，以富强中國爲目標的維新運動不會草草結束，導致康梁逃亡海外，六君子被殺，光緒被囚禁，黃遵憲自己被免職的下場，因此，相關的詩作成了他晚年創作的重心。如〈放歸〉（卷九）：

絳帕焚香讀道書，屢煩促報訊何如。佛前影怖棲枝鴿，海外波驚涸轍魚。此地可能容複壁？無人肯就問筳輿。玉關楊柳遼河月，卻載春風到故廬。

此詩作於光緒二十四年。戊戌政變後不久，黃遵憲因被疑飭羈於滬，時袁昶以三品京堂總理各國事務衙門行走，密言於樞部，謂萬不可再事鈎求，致成黨禍，同時又由於日本前首相伊藤博文等人爲之緩頰，才得旨放歸。這首詩寫的是放歸前後的情況。借典敘事抒懷，在委婉含蓄之中表現出强烈的怨憤之情。

又如〈感事〉八首（卷九）之第五首云：

金甌親卜比公卿，領取冰銜十日榮。東市朝衣真不測，南山鐵案竟無名。芝焚蕙嘆嗟僚友，李代桃僵泣弟兄。聞道詬天兼罵賊，好頭誰斫未分明。

他慨歎戊戌六君子被殺，襯托出一場改革的短暫與悲涼結局。〈感事〉八首全是有感於政變而作。第一首言慈禧太后以德宗有病爲辭，復行聽政。二三兩首言榮祿告密，大捕新黨，康梁脫走。四首言捕殺六君子。五六兩首言牽連多人，分別削職拘禁。七首言袁世凱洩謀，太后盡罷新政。八首言政變後再也沒人敢言維新。這一系列組詩，正好是戊戌政變歷史的縮影。

此外，在指斥義和團之亂與庚子事變方面，黃遵憲也費了不少筆墨。如〈初聞京師義和團事感賦〉（卷十）第二首云：

> 九百虞初小說流，神施鬼設詡兵謀。明知篝火均狐黨，翻使衣冠習狗偷。養盜原由十常侍，詰姦惟賴外諸侯。竹筐麻辮書團字，痛哭誰陳恤緯憂？

由此可看出黃遵憲反對義和團的堅定立場，他稱義和團爲盜爲匪，爲狐爲狗，認爲他們只是裝神弄鬼，但京師中如大學士徐桐、尚書崇綺等人卻深信不疑，希望義和團能替他們扶清滅洋。黃遵憲目睹一場大禍又將來臨，忍不住憂心忡忡。

又如〈述聞〉八首（卷十）之第二首云：

> 皇京一片變烟埃，二百年來第一回。荊棘銅駝心上淚，觚稜金爵劫餘灰。螟蛉果贏終誰撫，猿鶴沙蟲總可哀。只望木蘭仍出狩，鑾輿無恙賊中來。

描寫義和團殺洋人、焚教堂、攻使館、京師一片混亂的情景。這種盲目排外的舉動，立即招致八國聯軍的出兵干預。〈七月二十一日外國聯軍入犯京師〉（卷十）云：

> 壓城雲黑餓鴟鳴，齊作吹脣沸地聲。莫問空拳毆市戰，餘聞扈蹕六軍驚。波臣守轍還無恙，日馭揮戈豈有名。聞道重臣方受節，料應城下再尋盟。

本詩敍述八國聯軍入犯京師，清軍潰敗，造成我國政治上、文化上的空前浩劫。詩人不勝悲痛，斷定清廷必然再作城下之盟。一個「再」字，寫盡國恥。

接下來的詩篇，如〈聞車駕西狩感賦〉（卷十）、〈有以守社稷爲言者口號示之〉（卷十）、〈讀七月二十五日行在所發罪己詔書泣賦〉（卷十）、〈天津紀亂〉（卷十）、〈三哀詩〉（卷十）、〈和議成誌感〉（卷十一）等，都是紀載亂事的經過與諷刺慈禧太后的誤國。計自拳亂初起，迄次年和約成立及慈禧和光緒帝的重回北京，他爲這件事一共寫了八、九十首的古今體詩。儘管措辭相當含蓄，可是對於慈禧及當時的首惡諸人，確曾明顯的加以指斥。

黃遵憲仇視義和團的立場始終未變，證諸歷史的發展，他的看法應該是正確的。大陸有些學者以「人民力量」爲託詞，認爲黃遵憲對義和團的「偏見」是「反動」、「消極」、「落後」的⑲，如近人陶滌亞說：

他（遵憲）不能認識義和團運動是中國人民不堪外力壓迫，由積憤而暴發的一種反抗運動，清廷維新運動失敗以後，西太后行臨朝訓政，採納左右建議，召義和團入北京，利用排外工具，而那些在義和團旗幟下的羣眾，也就乘機演為神力以滅洋洩憤之舉，和歷史上黃巾之亂，完全是一種不同的背景，不同動機，不同目標。⑳

事實上，這樣的指責有待商榷。人民羣衆力量是該重視，也可以利用，但運用的適當與否，完全要看其動機、手段。慈禧太后等人不思在政治上革新（甚至鎮壓了百日維新運動），而利用義和團者又是昏昧愚庸之輩，對西方缺乏認識，純粹只是盲目的民族主義作祟，再加上義和拳民所擁有的「力量」，只是血肉之軀與神鬼招式。以這樣的組合來對抗西方，其悲劇性結局早可預見。黃遵憲久歷西方，洞悉列強之實力，也具備科學思想，當然反對這些怪力亂神所誇大的「人民力量」，所以他說：「儘將兒戲塵羹事，付與尸居木偶人」（〈初聞京師義和團事感賦〉），義和團民只是羣衆的一部分，他所仇視的是這些盲目排外的一撮人，而非全國人民。何況，相信義和團的人，如慈禧、載漪、剛毅、徐桐等人就代表了「進步」、「積極」嗎？當然不是。因此，黃遵憲以其知識與閱歷，判斷義和團之不利於政局，因而對之採取不同情立場，是完全可以理解和接受的。

㈢諷刺滿清官吏之腐敗無能

外患內憂之接連踵至，帝國主義的野心擴張、清廷之昏庸誤國都是主因，另外就是一些無能官吏的推波助瀾，才使得局勢衰頹，而至不可挽回。如〈降將軍歌〉（卷八）：

銜圍一舸來如飛，衆軍屬目停鼓鼙。船頭立者持降旗，都護遣我來致詞：我軍力竭勢不支，零丁絕島危乎危，龜鼈小豎何能為？島中殘皆瘡痍，其餘鬼妻兵家兒，鍋底無飯枷無衣，紇干凍雀寒復饑，六千人命懸如絲，我今死戰彼安歸？此島如城海如池，橫排各艦珠纍纍，有礮百尊槍千枝，亦有彈藥如山齊，全軍旗鼓我所司，本願兩軍爭雄雌，化為沙蟲為肉糜，與船存亡死不辭。今日悉索供指麾，乃為生命求恩慈，指天為正天鑒之。中將許諾信不欺，詰朝便為受降期。兩軍雷動懽聲馳，燐青月黑陰風吹，鬼伯催促不得遲，濃薰芙蓉傾深卮。前者闔棺後輿尸，一將兩翼三參隨。兩軍雨泣咸驚疑，已降復死死為誰？可憐將軍歸骨時，白幡飄飄丹旐垂。中一丁字懸高桅，迴視龍旗無孑遺，海波索索悲風悲。悲復悲！噫噫噫！

詩中寫中日戰爭時北洋水師將領丁汝昌向日軍投降之事。將清軍將領的懦弱畏死，描寫得淋漓盡致，悲中帶憤。

又如〈度遼將軍歌〉（卷八）一詩，以中日甲午戰爭爲背景，以一僞造的「漢印」作線索，用鮮明的對比手法和幽默滑稽的筆調，塑造了吳大澂這一驕矜虛誇的腐敗官僚形象，也從一個側面反映甲午戰爭失敗的原因。詩中云：

> 酒酣舉白再行酒，拔刀親割生彘肩。自言平生習槍法，鍊目鍊臂十五年。目光紫電閃不動，袒臂示客如鐵堅……兩軍相接戰甫交，紛紛鳥散空營逃。棄冠脫劍無人惜，只幸腰間印未失。

寫吳大澂在元旦大會上的驕狂情態，令人發笑。把一觸即潰的醜態，三言二語即勾劃得栩栩如生。臨難而幸印未失，可說極盡反諷之能事。

此外，如〈悲平壤〉（卷八）中寫葉志超、衛汝貴等人率軍逃竄，貪生怕死，「一夕狂馳三百里」；〈逐客篇〉（卷四）中寫寶鋆、李鴻藻等大臣不諳事實，草率與美方議約，以致華工及其他旅美華人受到種種侮辱和虐待，詩云：「誰知糊塗相，公然閉眼諾。噫嘻六州鐵，誰實鑄大錯？從此懸厲禁，多方設局鑰。」又如〈罷美國留學生感賦〉（卷三），對清廷官吏之罔顧國家利益，任意撤除學生，深表痛心。詩中云：

> 新來吳監督，其僚喜官威……徵集諸生來，不拜即鞭笞。弱者呼暑痛，強者反唇稽。汝輩狼野心，不知鼠有皮。誰甘畜生罵，公然老拳揮。監督憤上書，溢以加罪辭，諸生盡佻達，所業徒

荒嬉，學成供蠻奴，否則仍漢癡，國家糜金錢，養此將何為……郎當一百人，一一悉遣歸……

牽牛罰太重，亡羊補恐遲，蹉跎一失足，再遣終無期。目送海舟返，萬感心傷悲。

詩從挽救國家危難出發，贊同學西方，「師四夷」，申述派遣留學生的必要，批評撤回留學生的做法。這首五言古體的紀事詩，詩句夾敍夾議，頗生動地刻劃出因循守舊、官威十足的腐敗官僚形象。

(四)倡導種族團結思想

黃遵憲由於歷任日、美、英、新嘉坡等國參贊、總領事之職，因而眼光遠大，深知世界種族雖多，然而惟有互相團結，平等對待，才是人類之福。加上中國正遭列强武力侵略，人民正受帝國主義壓迫之苦，所以他希望各國民族都能和平共存，尤其是亞洲民族應自强振作，共同抵禦外侮。在《朝鮮策略》中，黃遵憲已透露出他的中日朝三國聯盟以拒俄的外交思想（即「聯亞拒俄」，請參閱第二章第二節），在〈梅水詩傳序〉中也說：「凡亞細亞洲，古所稱聲名文物之邦，均為他族所逼處，微特蒙古族鮮卑族突厥族，苶然不振，即轟轟然以文化著於五洲，如吾華夏之族，亦歎式微矣。……凡我客人，試念我祖若宗，悉出於神明之胄，當益鶩其遠者大者，以恢我先緒，以保我邦族。」雖然有些狹隘民族主義思想，但其對民族團結振作的要求是强烈而正確的。這種呼聲在他的詩歌中有具體的反映，如〈陸軍官學校開校禮成賦呈有栖川熾仁親王〉（卷三）詩中云：

同在亞細亞，自昔鄰封輯。譬若輔車依，譬若掎車立。所恃各富強，乃能相輔弼。同類爭奮興，外侮自潛匿。解甲歌太平，傳之千萬億。

詩中對中日兩國互相依存，抵禦西方，特別是沙皇俄國的侵略，有所期待。這種觀點是以亞洲人爲中心，特別是中日兩國的友好爲主，並未觀照到全世界民族的和平共存。要到〈以蓮菊桃雜供一瓶作歌〉（卷七）一詩，才顯現出他大同思想的世界觀。詩中云：

……蓮花衣白菊花黃，夭桃側侍添紅粧，雙花並頭一在手，葉葉相對花相當。……如天雨花花滿身，合仙佛魔同一室。如招海客通商船，黃白黑種同一國。……眾花照影影一樣，曾無人相無我相。傳語天下萬萬花，但是同種均一家。古言猗儺花無知，聽人位置無差池。我今安排花願否？拈花笑索花點首。花不能言我饒舌，花神汝莫生分別。唐人本自善唐花，或者併使蘭花梅花一齊發。飆輪來往如電過，不日便可歸支那。此瓶不乾花不萎，不必少見多怪如橐駝。地球南北倘倒轉，赤道逼人寒暑變，爾時五羊仙城化作海上山，亦有四時之花開滿縣。即今種花術益工，移枝接葉爭天功，安知蓮不變桃桃不變為菊，迴黃轉綠誰能窮？化工造物先造質，控摶眾質亦多術，安知奪胎換骨無金丹，不使此蓮此菊此桃萬億化身合為一……

在這首詩中，蓮菊桃所指的是白黃紅人種的膚色，强調所有的花都是同一種，可以混合移植，所有的人類也是一樣，平等而不應有歧視或優越之異。運用擬人的手法，在生動的描述中，自然地表達了詩人的民主大同思想，可說是詩界別開生面之作。從這種思想出發，他自然要對美國的驅逐華工政策大肆撻伐了。

二、有志難伸的無奈

正如黃遵憲在〈遣悶〉（卷五）詩中所言：「天下事原如意少，眼中人漸後生多。」他一生除在湖南推行新政時短暫的意興飛揚外，其餘大多困於下僚，有志難伸。光緒三十一年逝世前，在給弟黃遵楷的信中自道：「生平懷抱，一事無成。」㉑足見其懷才不遇之悲痛。十歲時，他曾被鄉里推爲神童，曾祖母甚至高興地說：「此兒志趣遠大，他日將窮四極而步章亥。」㉒二十歲時，他寫了〈二十初度〉（卷一）詩自勉，其中云：「摩挲腰下劍，龍性那能馴。」表露出有志爲國建功立業的壯懷。在〈寄和周朗山〉（卷一）詩中，他更以大鵬自比，暗寓其稀世之才，詩云：

拍手引鸞鳳，來從海上游。大鵬遇希有，兩鳥忽相酬。金作同心結，刀期繞指柔。各平湖海氣，商榷共登樓。

只可惜，滿腔雄心壯志，在科舉上卻迭遭失意。對中國傳統士大夫而言，仕途是其一貫追求的目標，黃遵憲自也不能例外，他說：「暫垂鵬翼扶搖勢，一學蠅頭世俗書。」〈將應廷試感懷〉正是指此。然而，其結果卻是如〈述懷再呈靄人樵野丈〉（卷二）所云：

憲也少年時，謂芥拾青紫，五嶽填心胸，往往矜爪嘴。三戰復三北，馬齒加長矣！破劍短後衣，年年來侮恥。（其三）

一連串落榜的打擊，造成內心無比的鬱悶與焦急。〈慷慨〉（卷二）詩云：

慷慨悲歌士，相傳燕趙多。我來仍失志，走問近如何。到處尋屠狗，初番見槖駝。龍泉腰下劍，一看一摩挲。

把詩人冀望得志卻又失志的現實無奈，鮮明地流露。原本是「平生放眼無餘子」（春夜懷蕭蘭谷），如今卻「長安人踏破，有客獨居難」（代柬寄詩五蘭谷並問諸友），無怪乎他會寫那麼多這一類的詩篇。二十九歲時，他終於如願以償考上舉人，但在留心外交與李鴻章許爲「霸才」的鼓勵下，他毅然決心出使日本，大展長才。然而時不我予，大才小用，黃遵憲又一次嚐盡了懷才不遇——這個中國歷史上無數士人難以避免的命定悲劇——茫茫落拓的淒涼。如擔任駐英參贊時寫的〈鬱鬱〉（卷六）詩云：

鬱鬱久居此，依依長傍人。梨花今夜雨，燕子隔年春。門掩官何冷，燈孤僕亦親。車聲震牆外，滾滾盡紅塵。

將門外的熱鬧與門內的冷落，作了强烈的對比，這不僅是他個人的悲哀，也可看出當年政治形勢與清廷外事人員的困境。

結束外交生涯返國的黃遵憲，對維新變法運動的由憧憬到付諸實現，一度深感鼓舞而積極投入。然而一場政變，使他的理想全部落空，懷才不遇之歎再度衝擊內心。〈仰天〉（卷九）詩云：

仰天擊缶唱烏烏，拍遍闌干碎唾壺。病久忍摩新髀肉，劫餘驚撫好頭顱。篋藏名士株連籍，壁挂羣雄豆剖圖。敢託鴆媒從鳳駕，自排閶闔撥雲呼。

充分表現了他的鬱結之情。〈寒夜獨坐卧虹榭〉（卷九）詩云：

今時何時我非我，中夜起坐心旁皇。……層陰壓屋天四蓋，寒雲入戶山兩當。回頭下視九州窄，高飛黃鵠今何方？

懷念康梁等逃亡海外，無形中也對自己雖身處國內卻龍困淺灘的下場感到辛酸。因此，在臨死前所作的〈病中紀夢述寄梁任父〉（卷十一）詩中便不禁流露出下面的苦悶與憂慮：

……我慚嘉富洱，子慕瑪志尼，與子平生願，終難償所期……

平生之志不能償，黃遵憲只能嗟歎「惜哉吾老矣，日去不可追」，鬱鬱以終。

結　語

綜而言之，以政治生命爲主，文學生命爲輔的黃遵憲，凡有關國家民族的政治、社會現狀，都是他筆下捕捉的焦點，因此在詩歌題材上，紀事之作能獨樹一幟，在主題上，感時憂國的情懷會充溢在字裏行間，即使是酬贈、送別、思友、寫景之作，也能或抒性情，或議時事，這是一個政治人物基本的生命情調，也是晚清一名知識份子，透過觀察、省思後，不得不具備的危機意識與醒覺心態，黃遵憲如此，譚嗣同如此，康有爲、梁啓超莫不如此。透過對題材、主題的分析，我們不難理解何以黃遵憲在文學史上會被推爲「詩史」，以及他之所以被稱爲「愛國詩人」的原因。

【附　註】

① 梁啓超〈嘉應黃先生墓誌銘〉。

②同前註。
③愛克曼輯錄《歌德談話錄》，見《文學理論資料匯編》上册，頁二七三。
④見《宋史·文苑》五〈梅堯臣傳〉。
⑤張正體、張婷婷《詩學》，頁二五九。
⑥黃永武《詩與美》，頁一五四。
⑦前揭書，頁一七四。
⑧吳芳吉〈四論吾人眼中之新舊文學觀〉，見《人境廬詩草箋注》附錄三〈詩話〉下。
⑨錢泳《履園譚詩》，頁十五。
⑩元遺山〈論詩絕句〉第二十一首。
⑪《杜詩鏡詮》卷十八〈短歌行贈王郎司直〉。
⑫〈悼亡〉三首，見《梅堯臣集編年校注》卷十四。
⑬《胡適作品集》第八册。
⑭錢譜光緒二年條。
⑮《飲冰室詩話》第五四則。
⑯前揭書第七八則。
⑰康有爲〈人境廬詩草序〉。

⑱黃子雲《野鴻詩的》，收於《清詩話》，頁八四七——八六七。

⑲如任訪秋〈對於「晚清詩人黃遵憲」的意見〉中說黃遵憲「稱義和團爲狐黨爲狗偷，這說明了他對人民受帝國主義的壓迫奮不顧身挺而走險的反帝運動，絲毫不加以同情……所以他的立場自始至終是封建官僚大地主的立場，而且還是滿清王朝的立場，也可以說他是滿清王朝極其忠實無二心的臣子和奴才。」；又如鍾賢培等選注《黃遵憲詩選》之前言中說：「義和團被污蔑爲拳匪、賊、遺孽等等……這充分暴露了黃遵憲仇視人民革命鬥爭的地主階級立場。」

⑳陶滌亞〈晚清詩人黃公度〉，見《文壇》雜誌第一五六期。

㉑黃遵楷〈人境廬詩草跋〉。

㉒錢譜咸豐七年條。

第五章　黃遵憲詩的形式論

前　言

廣義的說，文學的所謂「形式」是指作品內部組織結構和外在表現的總和；而狹義的「形式」則僅指文學語言結構的表面現象。本文指的是後面一種。在這意義下的「形式」，是相對於所謂的「內容」而言，但事實上，此二者之間相互依存，不可偏廢。

詩之形式，最基本的當然是文字書寫的習慣特性，其次是做爲詩之語言的句法修辭、篇章結構以及整體表現上的特色。以下就依此對黃遵憲的詩加以論析。由於他是有意進行詩歌改良，所以其詩在形式方面的表現就特別值得注意。

第一節　語言特性

白居易在〈與元九書〉中說：「詩者，根情，苗言，華聲，實義。」足見語言在詩中所佔的重要地位。如何選擇恰當又精彩的語言，關係到一首詩的成敗。宋人胡仔在《苕溪漁隱叢話》中曾說：「詩句以一字爲工，自然靈異不凡，如靈丹一粒，點石成金也。」但若一字不工，也會使詩作蒙上白玉之瑕。雖然在詩歌創作上，黃遵憲力主「我手寫我口」，不避俗諺、流俗語，但這並不意味著他對語言的錘鍊不重視，相反的，他在語言上有自己獨特的見解，他曾對潘飛聲說：

> 後人學藝，事事皆駕前人上，惟文字不然，以胸中筆下均有古人在。步步追摹，不能自成一家面目，是以宋不如唐，唐不如六朝，六朝不如漢魏也。①

他認爲每個時代要有每個時代的面貌，不可一味依傍或摹仿古人，否則今人永遠不及古人。唯有創新，掃去辭章家陳陳相因之語，詩歌才有前途，也惟有言文合一，才能「人人遵用之而樂觀之」。他在〈自序〉中强調：

> 其取材也，自羣經三史，逮於周、秦諸子之書，許、鄭諸家之注，凡事名物名切於今者，皆採取而假借之。其述事也，舉今日之官書會典方言俗諺，以及古人未有之物，未闢之境，耳目所歷，皆筆而書之。

這是他對詩之語言最直接而清楚的告白。緣於這種體認，他主張將方言、俗諺、白話、佛家語，乃至外國新名詞入詩。以下分別舉例說明其運用的情形。

一、採納方言、俗諺

〈己亥雜詩〉（卷九）：

相約兒童放學時，小孫拍手看翁嬉。平生兩事轟轟樂，爆竹聲騰鷂子飛。

「鷂子」是風箏的方言。黃遵憲的刻意使用，使這首詩充滿鄉土氣息，富藝術感染力。

又如〈山歌〉（卷一）

嫁郎已嫁十三年，今日梳頭儂自憐。記得初來同食乳，同在阿婆懷裏眠。

其中的「阿婆」是客家方言，指的是婆婆。

鄰家帶得書信歸，書中何字儂不知。等儂親口問渠去，問他比儂誰瘦肥？

其中的「渠」（指他），則是粵語方言。

但有時爲使文字合於漢語規範，黃遵憲也會予以修改。如「儂」字，據古直箋：「儂字原歌皆作『崖』」，此崖即「我」字，雙聲之轉，這是客家方言，但黃遵憲改成「儂」字。又如「心中有病没人知」句，其中的「没」字，原歌作「毛」，是無之意，也是客家方言。可見他以方言入詩，是考慮到真實性與藝術性的平衡，所以他才會感嘆說：「然山歌每以方言設喻，或以作韻，苟不諳土俗，即不知其妙。筆之於書，殊不易耳。」（〈山歌〉題記第二則）至於俗諺，黃遵憲也予以採用，如〈拜曾祖母李太夫人墓〉（卷五）：

我家七十人，諸子愛渠祖，諸婦愛渠娘，諸孫愛渠父。因裙便惜帶，將縑難比索。

其中的「因裙便惜帶」句，根據古直箋：「州諺：『裙係惜時帶亦惜』」可知是從俗諺轉化而來。雖然在黃遵憲千餘首的詩作中，以方言、俗諺入詩的並不多，但這一點小小的突破，正是前人未歷之「異境」，也爲胡適後來的主張不避俗字俗諺，提供了最佳的例證。

這裏所謂的「白話」，就是〈雜感〉詩中所說的「流俗語」。此類作品不少，如〈五禽言〉（卷十）：

二、運用白話

泥滑滑！泥滑滑！北風多雨雪，十步九傾跌。前日一翼剪，明日一臂折。阿誰肯護持？舉足動牽掣。仰天欲哀鳴，口噤不敢說。回頭語故雌，恐難復相活，泥滑滑！

用淺白的口語，寄寓深沈的喻意。近人鄭子瑜評論此詩說：

詩人晚年所寫的〈五禽言〉寓言詩五首，才是以流俗語所寫的白話詩，作者自由地支配詩歌的音節韻律，平仄不拘，異聲通押，在詩體解放上，比他所寫的民歌顯得更為突出，在內容和形式都是獨創一格的。②

他甚至認爲〈五禽言〉之「阿婆餅焦」一首，比胡適的「幾度細思量，寧願相思苦」③更像白話詩。〈拜曾祖母李太夫人墓〉（卷五），也是語言真實有味，情意誠摯動人，胡適曾贊譽此詩最能實行「我手寫我口」的主張④。此外，如〈山歌〉十五首，都是明白如話的白話詩。〈哭威海〉、〈送女弟〉、〈番客篇〉、〈紀事〉、〈台灣行〉、〈都踊歌〉等，也都或多或少運用了一些白話。

然而，梁容若先生提出了不同的意見，他說：

公度不解音律，梅縣話和國語又距離很遠。他所謂「我手寫我口」，是寫的方言口。在他讀起

> 來和叶的，用國音讀起來，有些地方佶屈聱牙，不能成聲。他所作的軍歌二十四章，小學生相和歌十九章，梁任公讚為「一代妙文」、「精神之雄壯活潑，沈渾深遠不必論，即文藻亦二千年所未有也，詩界革命之能事，至斯而極矣。吾為一言以蔽之曰：讀此詩而不起舞者，必非男子！」事實上這些歌以後很少人談及。在說國語的人看起來，文白混雜，矯揉造作，生硬不能上口。⑤

日人增田涉也說：

> 明白地說：黃遵憲雖說出了「我手寫我口」，但他並沒有積極的主張要寫白話詩，消極的他認為在他的詩裏無妨滲進一些流俗語，我們也可以肯定他的詩裏，有時確也滲進了一兩句流俗語。⑥

我們不能否認，黃遵憲詩中確實有一些未能盡脫舊詩形式，因此文白混雜的現象，但這正是嘗試時期不可避免的過渡現象，我們不能據此就否定其價值。正如胡適的《嘗試集》，雖然也是文白夾雜，不符合現代詩的標準，但是做爲現代詩的濫觴，其歷史價值已受肯定。

另一日人島田久美子在評論「我手寫我口」的主張時曾說：

> 遵憲詩中最不能忽略的是用語的問題，「我手寫我口」一句，代表他詩的特徵。他在詩中常用口語，這是中國文學標記上的大轉變，是清末到白話運動時期的一種過渡文學的現象，我們一定要注意，他的詩是白話運動前必然出現的變革文學——繞舌又口語。⑦

她能注意到黃遵憲所扮演的過渡時期詩人角色，應屬公允之論。

三、不避佛家語

梁啟超說：「晚清所謂新學家者，殆無一不與佛學有關係。」⑧這話說得不錯。像梁啟超自己，譚嗣同、康有爲，莫不如此，而黃遵憲也是其中之一。他頗受佛學感染，並曾下過一番功夫。這只要讀他那篇〈錫蘭島臥佛〉（卷六）的五古長詩，就可充分看出。這首詩作於光緒十六年隨薛福成出使英國，經過錫蘭島的旅途之中，顯然「當時他不見得攜有多種書籍」⑨，但他在作品中運用極多有關佛學及佛教的故事，尤其是歷敘佛教的盛衰、印度的滅亡，以及佛教流行亞洲各國的梗概，脈絡分明，資料詳實。難怪梁啟超大加贊揚說：

煌煌二千餘言，真可謂空前之奇構矣。……以文名名之，吾欲題為印度近史，欲題為佛教小史，欲題為宗教政治關係說，然是固詩也，非文也。有詩如此，中國文學界足以豪矣。因亟錄之，以餉詩界革命軍之青年。⑩

由此可看出他對佛學造詣的深湛。全篇凡二千五百餘言，「真像洪流向海似的，有一瀉千里之概。不必論及它的詞采，即其氣魄亦殊足以奪人」⑪，因此梁啟超才會許它爲中國空前未有之奇構，而將黃遵憲與西方的大詩人荷馬、莎士比亞、彌兒敦、田尼遜等人相提並論了⑫。

正因爲佛學知識的淵博，他的詩中很自然的會出現許多佛家語，如：

人人要結後生緣（山歌）。

拜佛拈花後（生女）

彈指須臾千載後，幾人起滅好樓台。（遊潘園感賦）

人鬼浮生共轉輪（由輪舟抵天津作）

茶烟禪榻病維摩（遣悶）

纓絡網雲花散雨，居然欲界有仙都。（己亥雜詩）

忽然黑暗無間墮落阿鼻獄，又驚惡風吹船飄至羅剎國。（倫敦大霧行）

生非柱國死非閻羅王，猶欲齧血書經化作魔王擾世界。（西鄉星歌）

又聞淨土落花深四寸（櫻花歌）

曾無人相無我相（以蓮菊桃雜供一瓶作歌）

剖胸傾熱血，恐化大千塵。（支離）

類似的句子不勝枚舉。如〈石川鴻齋偕僧來謁張副使誤謂爲僧鴻齋作詩自辯余賦此〉（卷三）一詩，其中是佛家語者就有「老衲」、「袈裟念珠」、「普度」、「轉輪三世」、「逃禪」、「歡喜」、「僧牒」、「三寶」、「浮屠」、「傳燈」、「菩薩」、「沙門」、「天上地下我獨尊」等。黃遵憲的運用佛家語入詩，技法純熟，融合無間，絕不是生硬套用，標新立異。而且他的不避佛家語，也正如不避方言、俗諺一樣，是他文學思想導引下自然的表現，其目的仍在反傳統、創詩界。

四、以新名詞入詩

語言文字不是一成不變的，隨著新事物與新觀念的傳入，新名詞自然應運而生，這是實際需要，也是語言文字生命延續發展的重要因素。中國自鴉片戰爭以後，外國語言及文化大量入侵，社會型態產生急遽變化，即使是保守的詩壇也無法避開其衝擊，然而當時有些詩人，因爲怕「有傷大雅」，往往忌避今名，不敢將新名詞入詩⑬。維新派詩人恰巧相反，他們充分理解到使用新名詞之必要，因此勇於嘗試。但是由於觀念及技巧不能突破，失敗之作不少。⑭

黃遵憲由於閱歷豐富，加上其獨創詩界的思考，因此在他的詩中有意識地加進了不少新名詞，運用得當的結果，使他的詩風既有「新意境」又有「新理想」（均梁啟超語），在維新派詩人中獨樹一幟。如：

快乘輕氣球（今別離）
海行望我地球圓（海行雜感）
奏遣留學生（罷美國留學生感賦）
鄭重詔監督（同上）
借問諸學生（同上）
算兼幾何學（同上）
相見輒握手（紀事）

仿古十字軍（同上）
動物植物輪廻作生死（以蓮菊桃雜供一瓶作歌）
赤道逼人寒暑變（同上）
巍峩天主堂（寄女詩）
指揮十字架（同上）
袖中藏得歙煙筒（己亥雜詩）
竟能見國會（病中紀夢述寄梁任父）
人言廿世紀（同上）
散作鎗砲聲（同上）

這類新名詞，在黃遵憲詩中俯拾皆是。甚至在〈番客篇〉（卷七）中，就採用了「喇叭」、「眼鏡」、「點心」、「月餅」、「冰糖」、「影戲」、「賭錢」、「鼻煙」、「送葬」等新鮮的名稱，由於剪裁妥貼，運用得宜，不僅不會使詩「不雅」，反而更添奇趣，充滿異國情調。

此外，有一些外來語，因音譯或意譯而爲當時所沿用，黃遵憲也大量採用，如：

總統格蘭脫（罷美國留學生感賦）
帝號俄羅斯（同上）
外來波斯胡（錫蘭島臥佛）

概想華盛頓（逐客篇）

凡我美利堅（紀事）

來自大西洋（番客篇）

賈胡竟到印度海（感事）

堂堂大國稱支那（同上）

可倫比亞尤人豪（同上）

其後拿破崙（登巴黎鐵塔）

近年歐羅巴（賦呈有栖川熾仁親王）

或尚不如倫敦城中霧（倫敦大霧行）

初聞合眾國（題樵野丈運甓齋話別圖）

波蘭與天竺（書憤）

寶塔禮耶穌（香港感懷）

聖軍來決薔薇戰（和丘仲闕詩）

此呼奧姑彼檀那（櫻花歌）

我慚嘉富洱，子慕瑪志尼（病中紀夢述寄梁任父）

從這裏可以看出他在使用新名詞方面的用心。在晚清復古氣息濃厚的詩壇，這份大膽創新的勇氣是令人激賞的。

第二節　句法修辭

所謂「句法」，是指詩句在形態上的安排，有時是指一句之中字彙詞藻的結構程式，有時是指上下句之間在形態上所呈現的關係與效果⑮。透過表意方法的調整或優美形式的設計，詩的意象可以更精確而生動的呈現⑯。在黃遵憲詩中，句法修辭的運用有相當多的變化，由於這些變化的靈活生動，造成令人目不暇接的繁複美感。

一、重疊

重疊法，是以兩個相同的字來摹擬物形或物聲，當單字不足以盡其態，則以重言叠字來表現。叠字在音響上有極微妙的功用，既可使語氣完足，意義完整，又可使聲調動聽。黃遵憲詩中喜用此法，如：

葉葉蕉相擊，叢叢竹自鳴。（人境廬雜詩）
行行手中線，離離五色絲。（送女弟）
團團鷄子黃，灧灧花豬肉。（寄女）
悠悠湖上雲，耿耿我所思。（遊豐湖）

爛爛斗星隨北指，滔滔海水竟西流。（夜登近海樓）

閒閒十畝消遙遊，莽莽六朝興廢事。（玄武湖歌和龍松岑）

蕩蕩天門爭欲上，茫茫人海豈難居。（將應延試感懷）

濛濛零雨又寒食，浩浩長流總逝川。（感懷）

以上是於句首重疊者。

長路漫漫苦，斜陽渺渺愁。（武清道中作）

滄波淼淼八千里，圓月匆匆一百回。（到廣州）

沈陰曀曀何多日，殘月暉暉尚幾星。（夜起）

無端碌碌隨官去，仍是鏗鏗說教師。（續懷人詩）

以上是於句中重疊者。

安汝家室毋譊譊，萬里入城風蕭蕭。（台灣行）

萬緒一時齊擾擾，三年同客更依依。（別張簡唐並示陳綍尚）

壓己真憂天夢夢，窮途並哭海漫漫。（感事）

以上是用於句尾者。

這些疊字，或形容景物，或形容心境，大抵都能傳達詩人豐盛的情意。至於一些狀聲疊字的出現，則大大提高了詩意的活潑氣氛與音響效果。如：

吒吒通鳥語，梟梟學蟲書。（新嘉坡雜詩）

用「吒吒」狀學外語之音。

如魚邪虎烏烏武，樹底時時人唱歌。（不忍池晚遊詩）

用「烏烏」狀歌聲。

有時應者者，有時呼咄咄。（紀事）

用「者者」狀應諾聲，「咄咄」則是感嘆之語。

這些字都可以用聽覺去感受。黃遵憲的詩能令人有如在目前之感，字句上的善於重疊，應是重要的因素之一。

二、重出

一字再現，或數字再現，叫做「重出」。劉勰在〈鍊字〉篇中已有「權重出」的主張，並且說：「重出者，同字相犯者也。」行文遣詞，雖然古代文家都已注意避免重出，但有時卻不以重複爲嫌，反以重出爲能⑰。前人對於「疊字」和「重出」，每混爲一談，其實這二者是不同的⑱。黃遵憲詩中不乏運用重出法的詩句，如：

世族庾氏庾，專門輈人輈。（題樵野丈運甓齋話別圖）

某水某山我故鄉，今時今日好容光。（春暮偶游歸飲人境廬）

花開花落掩開臥，負汝春光奈汝何。（遣悶）

結客須結少年場，占士能占男子祥。（歲暮懷人詩）
桃花紅雜柳花飛（養疴雜詩）
樹密山重深復深（同上）
白人換盡舊紅人（己亥雜詩）

以上是一句中重出一字者。另有一種也是一句重出一字，但是其重複的字恰巧在上下詩意交接之處，如：

村中結屋屋如船（宮本鴨北以舊題長華園詩索和）
如天雨花花滿身（以蓮菊桃雜供一瓶作歌）
垂柳含春春意多（春遊詞）
月在中天天四垂（九月朔日啟程由上海歸舟中作）
中有潯山山蒼蒼（別賴雲芝同年）
四海復四海，九洲更九洲。（題樵野丈運甓齋話別圖）
不解風波不解愁（續懷人詩）
冬亦非冬夏非夏（養疴雜詩）
不成滄海不成田（中秋夜月）

這絕不是「疊字」，而是造成詩歌連續形容效果的「重出」技巧。

杜鵑花下杜鵑啼（杜鵑）

烏珠烏珠努力肯飽食（烏之珠歌）

倭來倭來漸趨前（東溝行）

同此王稱同此禍（三用前韻酬仲閼）

以上是一句中重出二字者。

此土此民成此國（由上海啟行至長崎）

今日今時有今我（遣悶）

我高我曾我祖父（台灣行）

以上是一句中重出三字者。甚至也有重出四字者，如：

此人此月此樓豈可負此夕（庚午中秋夜始識羅少珊於矮屋中）

死於飢寒死於苛政死於暴客等一死（西鄉星歌）

這些收放自如、天馬行空的寫作技巧，使他的作品洋溢著跳躍的活潑生命，極有新趣。

三、疊敘

以形式相同、意義相似的文句，一氣揮灑，聯貫而下，使筆勢奔湧，銳不可當，這種辭格，叫做「疊敘」⑲。如〈近世愛國志士歌〉（卷三）中云：

有論海防者，有議造礮艦者，有欲留學外國者，德川氏皆嚴禁之。

死於刀鋸，死於囹圄，死於逃遁，死於牽連，死於刺殺者，蓋不可勝數。

這種數句疊敍之法，一氣直下，極富感染力量。

四、排比

所謂「排比」，是連綴若干句型相等，而句意不等的文句，來強調同一範圍的事象，構成一小組排句，以强化語氣。排比是句意並比而立的，與「疊敍」以同一事意重疊的技巧稍有不同⑳。黃遵憲詩中用排比法的如：

四十七士人同仇，四十七士心同謀。（赤穗四十七義士歌）

我聞舒五指……我聞稱大力……我聞四海水……我聞大千界……我聞三昧火……我聞安息香……我聞阿修羅……我聞毗琉璃……（錫蘭島臥佛）

一客新自天邊來，一客臥起叢書堆。（玄武湖歌和龍松岑）

濃如梅檀和眾香，燦如雲錦紛五色。華如寶衣陳七市，美如瓊漿合天食。（以蓮菊桃雜供一瓶作歌）

一雲忽飛來，一雲不肯去，一雲幻作龍。（游箱根）

人人自成戰，人人合忘私，人人心頭血。（病中記夢述紀梁任父）

生者行者口吟哦，攀者折著手挼莎，來者去者肩相摩。（櫻花歌）

酌君以葡萄千斛之酒，贈君以玫瑰連理之花，飽君以波羅徑尺之果，飲君以天竺小團之茶，處

君以琉璃層累之屋，乘君以通幰四望之車，送君以金絲壓袖之服，延君以錦幔圍牆之家。（感事）

這種句法，排列整齊，誦讀起來，十分勁健。

五、儷辭

把兩個相似或相反的意思，用字數相等、語法相似的形式，來構成華美的對句，叫做「儷辭」㉑。黃遵憲採取此法的詩很多。如：

左疊重累足，右握光明拳。（錫蘭島臥佛）

時不辨朝夕，地不識南北。（同上）

縹緲三山信徐市，橫縱六里聽張儀。（和沈子培同年）

入夢江湖遠，撐胸天地寬。（代柬寄詩五蘭谷並問諸友）

使星正西向，零雨悵東歸。（肇慶舟中）

妾有釵插鬢，君有襟當胸。（今別離）

地長不能縮，翼短不能飛。（同上）

胸中五嶽撐空起，眼底浮雲一掃開。（夜飲）

下有黑獅白虎踆踆蹠蹠伏闕下，上有瓊樓玉宇高處天風寒。（宮本鴨北索題晃山圖即用卷中小野湖山詩韻）

這種句法，彼此對稱，份量相等，使詩自然產生一種平衡對立之美。

六、襯映

所謂「襯映」，是用兩個比較性的詞彙或句子，相互對比襯托，使襯出的兩種情形，成爲强有力的對照。大凡宇宙間的人情物態，其深淺、大小、晦明、苦樂等，常須兩相比較，才易突顯出其清晰的概念。所以在詩歌上常用對比的映照，使意象互相映發，倍加明顯㉒。黃遵憲用此技巧的詩如：

千帆張鳥翼，一席畫鷗眠。（由潮洲泝流而上駛風舟行甚疾）

一篷涼月冷於秋，萬竹蕭蕭俯碧流。（夜泊高陂其地多竹）

一輪紅日當空高，千家白旗隨風飄。（台灣行）

這是數字上的對比，也是最常見的襯映方法。

待彼三戰三北食，試我七縱七擒計。（度遼將軍歌）

我慚嘉富洱，子慕瑪志尼。（病中紀夢述寄梁任父）

以人我之間互相襯映，或抒志氣，或敍懷抱，透過比較，給人一種具體的形象效果。

逝者遂已矣，存者稱未亡。（爲同年吳德瀟壽其母夫人）

寒燈說鬼鬼啾啾，夜雨言愁我欲愁。（己亥雜詩）

寫生者與死者的對比，設想新奇。

寄汝近時影，祝我他時福。（寄女）

朝寄平安語，暮寄相思字。（今別離）
恐君魂來日，是妾不寐時。（同上）
君在海之角，妾在天之涯。（同上）
他日是非誰管得，當前聚散亦飄蓬。（送承伯純吏部東歸）
這些詩句巧妙運用了時空襯映的技巧，往往造成情思綿邈、錯綜幻化的意趣。

七、頂眞

前一句的結尾作下一句的起頭，叫做「頂真」㉓。黃遵憲詩中採取頂真句法的詩如：

彼此互是非，是非均一鄙。（雜感）
舉頭見明月，明月方入扉。（今別離）
將此語人人，人人疑荒唐。（爲同年吳德潚壽其母夫人）
口書勉兒學，兒學毋怠荒。（同上）
不得母愛憐，愛憐尚不得。（拜曾祖母李太夫人墓）
天適降神人，人人空拳張。（三哀詩）
義兼友與師，師嚴或傷和。（寄四弟）
茫茫東海波連天，天邊大月光團圓。（八月十五夜太平洋舟中望月作歌）
入水化水火化火，火光激水水能飛。（東溝行）

斜日江波聽鷓鴣，鷓鴣啼處是吾廬。（小飲息亭醉後作）

錦袍曾賦小時月，月照恆河鬢已華。（己亥雜詩）

老健真應飽看山，看山誰得幾時閒？（同上）

這種句法，使文章自然明快，且語氣銜接，造成情意纏綿不盡、文句緊湊的效果。

八、比擬

所謂「比擬」，是把兩個不同類的事或物相比擬，使被比擬的事物更加明顯生動㉔。一些不易形容盡態的話，藉比擬可以充分表達，毋須繁瑣的形容。黃遵憲詩中比擬之句甚多，如：

沸地笙歌海，排山酒肉林。（香港感懷）

前句寫舞廳妓院唱歌奏樂，聲音響亮；後句喻茶樓酒館林立。

行鎖矮屋中，蒸甑熱毒注。密如營窠蜂，困似涸轍鮒。（遊豐湖）

這四句是寫作者快要進入試場和想像試場生活苦況。其中以矮屋喻試場的號舍，蒸甑喻悶熱如蒸籠；營窠蜂與涸轍鮒則是形容號舍之密，應試者之眾多。

鵬垂天欲墮，龍吼海齊鳴。（舟中驟雨）

前句寫天邊湧起的大片烏雲；後句喻雷雨交加。有聲有色，極盡比擬之能事。

綠樹如雲擁，門前百尺桐。（武清道中作）

喻樹色之濃翠與枝幹參天。

危塗遠盤紆，徑仄鳥迹絕。（游箱根）
喻山路之狹窄高峻，險狀萬分。
隱隱聞雷聲，乍似嬰兒怒。（同上）
喻雷聲之微細。
霧重城如漆，寒深火不紅。（重霧）
喻霧濃天寒。對偶工整，用景物襯托出環境的冷漠孤寂。
霏霏紅雨花初落，蝺蝺白波萍又生。（寒食）
寫桃花紛落如雨，水波輕柔，譬喻真切而生動。
一個蝸廬置何處？漫山風雨黑如磐。（歲暮懷人詩）
蝸廬喻房屋之小，黑磐則形容風雨之狂暴。
佛前影怖棲枝鴿，海外波驚涸轍魚。（放歸）
棲枝鴿與涸轍魚都是自喻，寫詩人被囚室中，陰暗可怖的環境和心理的恐懼情態。
城南暑鬱蒸如甕，汗雨橫流濕衣縫。（玄武湖歌和龍松岑）
蒸如甕、濕如縫都是比喻天氣炎熱，汗如雨下之情景。
以上這些運用比擬句法的詩句，大多能將不易形容之事物表現得栩栩如生，不僅使文句精鍊，也使寓意十分靈動。比擬最忌落入俗套，但黃遵憲這些比擬的句子，既簡明又新鮮，可說是新穎脫俗之作。

九、散文化

這就是〈自序〉中所謂的「用古文家伸縮離合之法以入詩」的技巧，黃遵憲許多首詩，刻意創作散文化的句子，尤其是古體詩原本就不大講究對偶，不限長短，不拘平仄，因此變化的空間寬廣，詩人可馳騁其中，盡情發揮。在《人境廬詩草》中，古體詩佔主要份量，散文化句處處可見。如：

我聞桃花源，洞口雲迷離，人間漢魏了不知。（櫻花歌）

古稱海上蓬萊方壺圓嶠可望不可及，我曰其然豈其然？（宮本鴨北索題晃山圖即用卷中小野湖山詩韻）

一時驚嘆爭歌謳，觀者拜者弔者賀者萬花繞塚每日香烟浮，一裙一屐一甲一胄一刀一矛一杖一笠一歌一畫手澤珍寶如天球。（赤穗四十七義士歌）

汪洋東海不知幾萬里，今夕之夕惟我與爾對影成三人。（八月十五夜太平洋舟中望月作歌）

倘將四海之霧銖積寸算來，或尚不如倫敦城中霧。（倫敦大霧行）

豈知七萬餘里大九洲，竟有二千年來諸大國。（感事）

肩囊腰劍手鉢瓶，歸來歸來兮左樓右閣中有旋馬廳。二松五柳四圍雜桃李，坐看風中飛絮波中萍。（放歌用前韻）

這種嘗試，古已有之，但他在這方面還是有一定的成就，歷來詩家多予肯定。如溫仲和稱贊說：「拜墓、今別離諸詩，誠爲絕詣。其餘各體，皆有獨至之處，而超軼絕塵，則尤在五古也。」劉燕勛說：「讀君詩，無體不備，而五七古尤擅勝場。」俞明震說：「公詩，七古沈博絕麗，然尚是古人門徑。五古具漢、魏人神髓，生出汪洋詼詭之情，是能於杜、韓外別創一絕大局面者。」㉕這些贊評正指出他在古體詩上散文化句法嘗試的成功。

十、用典

《文心雕龍》云：「事類者，蓋文章之外，據事以類義，援古以證今者也。」㉖所謂「事類」，是指用典隱喻之法。自唐宋以來，詩人用典向爲慣技，至清末此風猶盛行不衰，甚至有數典摹古詩派詩人的出現，這是主張「詩界革新」的黃遵憲所反對的。因此他說：「俗儒好尊古，日日故紙研。六經字所無，不敢入詩篇。」（雜感）但是，仔細檢視一部《人境廬詩草》，像《五禽言》那樣明白易曉，不用典的詩篇並不多。錢仲聯說：「他的詩裏，用典故成語的地方，也遠較流俗語多。」㉗針對此點，鄭子瑜先生曾指出：

> 這是因為積習已久，未能盡除，黃遵憲也難免有此毛病。正如《文心雕龍》所說：「老子疾偽，故稱『美言不信』，而五千精妙，則非棄美矣。」又如李諤〈上隋高帝革文體書〉，反對雕章琢句，但這封信本身卻是一篇講究辭采的力作。再如胡適提倡白話文，但他那篇〈文學改良芻議〉仍是用文言文寫的。㉘

雖然如此，黃遵憲在典故的選取運用上依然頗費心機。他爲求突破傳統，就刻意用詞賦家不常用的典故來引喻事物。他在〈自序〉中自道：「其取材也，自羣經三史，逮於周、秦諸子之書，許、鄭諸家之注，凡事名物名切於今者，皆採取而假借之。」例如：

象胥通蠻語（雜感）

象胥喻翻譯人員，典出《周禮》卷三十八：「象胥掌蠻、夷、閩、貉、戎、狄之國，使掌傳王之言而諭說焉。」

千百氈裘長（錫蘭島臥佛）

氈裘長喻外國元首，典出劉禹錫〈送渾大夫赴豐州〉詩：「氈裘君長迎風懼」。（《劉夢得文集》卷六）

黎鞬養眩人（春夜招鄉人飲）

黎鞬喻魔術，典出《漢書》卷六十一〈張騫傳〉：「大宛諸國，發使隨漢使來觀漢廣大，以大鳥卵及犛靬眩人獻于漢。」（犛靬，《後漢書》卷一百十八〈西域列傳〉作犁鞬。）

兵誇曳落河（香港感懷）

曳落河喻健兒，典出《新唐書》卷二百十七〈回鶻傳〉：「同羅距京師七千里。安祿山反，劫其兵用之，號曳落河者也。曳落河，猶言健兒。」

銜彈白鷺多（新嘉坡雜詩）

白鷺喻崗警，典出《魏書》卷一百一十三〈官氏志〉：「候官謂之白鷺，取其延頸遠望也。」

酋長虬髯客，豪商碧眼胡（香港感懷）

虯髯客、碧眼胡皆喻洋人，前者典出唐杜光庭〈虯髯客傳〉，後者典出岑參〈胡笳歌送顏真卿赴河隴〉詩：「紫髯綠眼胡人吹」。（《岑嘉州詩》卷二）

團焦始蝸廬（逐客篇）

團焦喻一小塊土地，典出《北齊書》卷一〈神武帝紀〉：「邑人龐蒼鷹止團焦中」；蝸廬喻圓形小屋，典出《三國志》卷十一《魏書》十一〈管寧傳〉：「先等作圜舍，形如蝸牛蔽，故謂之蝸牛廬。」

墨𡱂與侏張（紀事）

墨𡱂喻無賴漢，典出《列子》六〈力命〉：「墨𡱂、單至、嘽咺、憋懯四人，相與游于世。」

從以上的例證可看出，黃遵憲用典的來源正如其所言，不論是羣經、三史、諸子，甚至小說，只要是能「切於今者」，他都巧妙地借用。這不僅顯示出他的博學，也看出他創新詩境的努力。不過，並非所有的嘗試都成功，如與丘逢甲的往復八次步韻唱和，就不知不覺陷入了用典屬對、咬文嚼字、爲作詩而作詩的窠臼。梁容若批評說：

公度晚年的感時詩，實在走上了用典代言，沈鬱隱晦的路子。他的早期作品，流麗輕倩如九姓漁船曲，雄快豪放如馮將軍歌，滑稽風趣如度遼將軍歌一類的好處都失去了。㉙

雖然這是因涉及時政，恐遭禍至，不得已所造成的隱晦，但缺失確實存在。用典應以切合實際，明顯而不晦澀爲尚，它輔助詩意表達，但不可喧賓奪主。近人麥若鵬也提出意見說：

黃遵憲有時候為了急於表達他的見解，卻來不及把他的見解融合到具體的形象裏面，企圖羅列一些典故來彌補形象思維之不足，因此，詩的藝術性就受到一定程度的損害。㉚這段話不無道理，黃遵憲在晚年寫給新嘉坡詩人丘菽園的信中也承認說：「少日喜為詩，謬有別創詩界之論，然才力薄弱，終不克自踐其言。」㉛就這一點而言，恐怕算是他詩界革新努力上一點小小的缺陷。

第三節　篇章結構

所謂「篇章結構」，是指整篇作品的佈局安排。一首詩的篇章結構，小至句法的巧思，大至章法的組織，若搭配得宜，首尾能呼應一氣，脈絡完整，則其內涵與形式都可得到充分的發揮。大致而言，近體詩由於形式固定，在結構上較不易突破，因此黃遵憲的近體詩，在這方面仍遵循傳統的格式，也就是不放棄用來裝新酒的「舊瓶」。但是古體詩則較沒有刻板的章法，而且由於篇幅長，佈局就更顯重要。一首詩是否能合理安排，做到詳略得體、前後照應、疏密相同、主次分明，構成勻稱、和諧的篇章結構，全賴詩人的匠心運用。他在這方面寫了不少名篇，章法變化特殊，備受肯定。清末馮驥聲說：「我讀君詩果奇色，似將蜿蜒千尺之游龍，屈作懷中一枝筆。龍之爲靈兮屈伸變化而莫窮，筆之妙用兮亦波譎雲詭縱橫出沒而莫測。」㉜近人王志健也說：「公度之古體詩變化萬千，轉側生姿，有許多作品結構被稱爲千古不朽之作品。」㉝這都是針對他在章法上的經營出色而言。以下就依閱讀所得，舉出其詩在章法上較突出的特色，並以詩例說明。

一、高遠的視覺角度

黃遵憲寫詩起首喜用高、遠角度來描寫，由此而開拓出廣闊的詩境，氣勢雄渾奔放，給人一種蒼茫、開闊之感。這或許和他「百年過半洲遊四」（己亥雜詩）的豐富閱歷有關，在見識、胸襟上的開放，使他的視覺觀點自然朝向高處遠方。這類的詩不少，如：

> 海水一泓烟九點，壯哉此地實天險。礮台屹立如虎闞，紅衣大將威望儼。……（哀旅順）

這首詩主要是描寫旅順要塞的天險威嚴。前兩句就是從遠觀、俯視的角度，點明旅順乃天設奇險。三、四句則從近觀、仰視的角度，由自然奇設寫到人工經營，中說炮台之雄偉，武器之精良。由遠而近，由俯而仰，視覺角度變化生動。

> 濕雲漠漠山有無，登城四望遙踟躕。頹垣敗瓦不可踏，劫灰昏黑堆城隅。剜苔剔蘚覓碑讀，字缺半亦形模糊。……（鐵漢樓歌）

這首詩也是以登高城遠望雲山起筆，視界無限遼闊，但視覺角度突然在三、四句縮成城的一堆頹垣敗瓦，由遠觀、仰視轉爲近觀、俯視，手法與前詩如出一轍。第五句又迅速將焦點集中在那些敗瓦中的一塊殘碑，第六句則只單一凝視著殘碑上的模糊字跡而已。短短六句，視覺角度替換如此之快，真有電影蒙太奇的效果。

如果說前面兩首詩是採由大變小，由遠變近的視覺角度，則〈庚午中秋夜始識羅少珊於矮屋中遂偕詩五共登明遠樓看月少珊有詩作此追和時癸酉孟秋也〉恰恰相反。詩中云：

萬蠶食葉蠶聲酣，三條紅燭光炎炎。……巍巍明遠樓，高插南斗南。……天風吹衣怕飛去，汝我左右相扶攙。纖雲四捲天不夜，空中高懸圓明蟾。……要摶扶搖羊角直上九萬里，埋頭破屋心非甘！

這首詩起筆是敍述應試者埋首考場，下筆如蠶食葉聲，採取的是一種近觀、俯視的角度。試畢，黃遵憲與羅少珊等人擺脫束縛，共登明遠樓，此時所見則變成了星斗、高空、大海、巨鰲、大風，角度拉得又高又遠，象徵內心一舉沖天的壯志。最後，鏡頭又凝向「埋頭破屋」，一下就從理想高遠處下墜現實困境，因此發出「心非甘」之鳴。首尾皆採近觀、俯視角度，呼應强烈。

其他如〈宮本鴨北索題晃山圖即用卷中小野湖山詩韻〉、〈罷美國留學生感賦〉、〈錫蘭島臥佛〉、〈登巴黎鐵塔〉等，也都有相同的章法。

二、敍事觀點靈活

爲了方便刻劃人物、展示主題或表達思想情感的需要，敍事觀點的適當運用非常重要。尤其是長詩中所涉及的人、事較複雜時，敍事觀點往往也會隨之替換。黃遵憲由於在敍述觀點上變化靈活，使他的詩呈現一種戲劇性的臨場感，不論是人物的進出或對話，都能恰如其分，予人形象的具體感受。這類的詩不少，如：

四十七士人同仇，四十七士心同謀。一盤中供仇人頭，哀哀燕雀鳴啁啾。泥首泣訴圍松楸：臣等無狀恐為當世羞，君雖有臣不能為君持干掫……臣等事畢無所求，願從先君地下游。……明年賜劍如杜郵，四十七士性命同日休。一時驚嘆爭歌謳，觀者拜者弔者賀者萬花繞塚每日香烟浮……到今赤穗義士某某某某四十七人一一名字留，內足光輝大大洲，外亦聲明五大洲。（赤穗四十七義士歌）

這首詩起首是以旁觀者的立場來敘述四十七名義士取下仇人頭後，供奉在主人墳前祭拜的情景，但自「臣等無狀恐爲當世羞」以下卻又變成四十七名義士自述復仇過程與動機的主觀觀點。由「一時驚嘆爭歌謳」起至最後，則又回復旁觀者的觀點，來評論四十七名義士的功績。這種觀點的替換，使本詩充滿戲劇效果。

吹我合眾笳，擊我合眾鼓，擎我合眾花，書我合眾簿。汝眾勿喧嘩，請聽吾黨語。……此黨誇彼黨，看我後來績。……彼黨斥此黨：空言彼何益。彼黨訐此黨：黨魁乃下流。……此黨訐彼黨，眾口同一咻。……四年一公舉，今日真及期。兩黨黨魁名，先刻黨人碑。……吁嗟華盛頓，及今百年矣。自樹獨立旗，不復受壓制。……倘能無黨爭，尚想太平世。（紀事）

這首敘述美國民主、共和兩黨總統大選實況的五言古詩，其中的敘事觀點也是多所變化。「吹我合衆笳」以下，及「請聽吾黨語」以下所言，是某一政黨的主觀敘述。「此黨誇彼黨」以下則是此黨的主觀話語，但遭到彼黨的斥責。「彼黨訐此黨」以下，則又變成彼黨的主觀批評，同樣的也遭到此黨的反對。這種在言詞上兩方面的你來我往、針鋒相對，頗能烘托出選舉的熱鬧及醜態。最後詩人以客觀者的角度來下結論。透過觀點的轉換，人物情態躍然紙上。

其他如〈爲同年吳德潚壽其母夫人〉，首先是作者介紹吳德潚的家人，中間突然插進「潚也奉母言，手書告其朋，同年黃遵憲，曾歷各海邦。」變成由家人介紹自己，造成一種相互交織的動感，手法非常特殊。又如〈拜曾祖母李太夫人墓〉、〈台灣行〉、〈度遼將軍歌〉、〈逐客篇〉等，也都有主客觀點變化運用的情形。

三、用對比製造張力

黃遵憲詩中善用强烈對比，製造張力（Tension），給人留下鮮明印象。如前引〈哀旅順〉一詩，對旅順的險固堅實，用了十四句詩極力鋪陳渲染，但對失守過程卻只用結尾兩句：「一朝瓦解成劫灰，聞道敵軍蹈背來。」平實地加以交待。如此險要、兵力强盛的軍事要塞，竟由於敵軍抄了後路，失陷得那樣快速而輕易，簡直令人難以置信，所以詩作在述説史實之後，戛然停止，毫不拖泥帶水。這首詩最顯著的特點就是運用對比，在描寫險固的繁筆與交代敗局的簡筆上，由於容量差別懸殊，在形式上造成明顯對比，凸現出內容上的對比。假使前後容量相當，效果將不會如此强烈。

此外，如〈今別離〉詩四首，對比也很强烈。由於科學文明的快捷發展，古今的別離，不論在性質或情感上都有改變。如第一首寫輪船、火車的發明，造成「送者未及返，君在天盡頭」的現象，略帶誇張的描寫，使別離因速度的加快而更添壓迫感。第二首寫相思之深情，雖然由於電報的發明，「馳書迅已極」，但卻依然不滿足，希望「安得如電光，一閃至君旁」。這種矛盾的衝突，構成了此詩情感上的張力。第三首也是藉照相的發明，抒發內心矛盾的情思，雖然相片中的人形容逼肖，但比不上鏡中的容顏。第四首則是藉空間上的距離——「相去三萬里」，造成時間上的差異——「晝夜相背馳」，「妾睡君或醒，君睡妾豈知？」即使如此，「只有戀君心，海枯終不移。」這其實就是這首組詩的重心所在。藉古今別離極大差異與矛盾的對比，反襯出情感的不移與深度，技法頗為高明。

其他如〈香港感懷〉十首，藉繁華來對比喪地之痛；〈度遼將軍歌〉藉吳大澂在元旦大會上的驕狂情態，對比出戰事一觸即潰的醜態。這種章法變化在黃遵憲詩中隨處可見。

四、層次分明

黃遵憲的詩極重視層次，不論主從、前後都費心安置，務求脈絡清晰。這也是他在章法上的一項特色。如〈小學校學生相和歌〉十九首㉞，其前後次序都是刻意安排。第一首寫全球黃種人，第二首寫國人，次首寫團體，在羣體中，他要求小學生應尊君（四）、孝親（五），並且要獨立（六）、自治（七）、合羣（八）。在這二十世紀的工戰時期（九），不可再迷信科舉（十），要憂國愛國（十一）、習武（十二）、强身（十三），立誓洗雪國恥（十四），同化外族（十五），放棄投降的懦弱念頭（十六），遵奉公理（十七），一起來拯救天下蒼生（十八），使世界日新又新（十九）。自修身到救國，層次井然有序。

又如〈烏之珠歌〉（卷二），詩分四段，第一段寫烏珠駿馬的身世來歷，「此馬遠自流沙至，鐵花滿身黑雲被」；第二段則寫其受帝王寵愛及神勇善奔，「少年天子萬民看，望塵不及人皆驚」；第三段敍帝王崩逝，駿馬失去主人，悲嘶不已，終至絕食自斃，「多時不見宮中駕，一馬悲嘶夜復夜」；最末一段則是詩人針對此事抒發議論，認爲馬尚知報恩，一朝軍臣，卻不知戮力殺賊，令人深慨。這首詩在章法上嚴密銜接，連貫完整，一層一層寫來，極有條理。

又如〈春夜招鄉人飲〉（卷五）也是層次分明。詩中寫作者結束使宦生涯返鄉定居，與鄉人聚會暢聊海外異事之情景。「初言日本國，……或言可倫坡……又言太平洋……傳聞浮海舟……其人好樓居……諸胡飽腥羶……再閱十年歸，一一詳論列。」將所見所聞一一道來，章法清晰，令人一目瞭然。

五、藉語法重覆以加强效果

黃遵憲善於利用語法上的重覆使用，來逐步加深主題的强度，這種技巧的運用，以〈聶將軍歌〉（卷十一）最爲成功。如其中敍及聶士成將軍奉令鎮壓義和團之亂，以鎗礮擊斃甚多亂民後，遭到朝廷中同情義和團的大臣們迭番阻撓的情景，極爲精彩：

忽來總督文，戒汝貪功勳。復傳親王令，責汝何暴橫。明晨太后詔，不許無理鬧。夕得相公書，問訊事何如？

這其中的「忽」、「復」、「晨」、「夕」均指時間之迅速，四字連用的結果，令人感受到壓力的一波波湧至。而且在官職上，「總督」、「親王」、「太后」、「相公」均是掌握實權的上級官吏，或明下詔書，或私下致函，把危急之狀寫得入木三分。在反對的語氣上也層層進逼，先「戒」後「

責」，太后則明示「不許」，這種語法的不斷出現，使這首詩充滿緊張氣氛。再如描繪部隊士兵們謠言四起、徬徨畏懼的一段也十分生動：

軍中流言忽譁譟，作官不如作賊好。諸將竊語心胆寒，從賊容易從軍難。人人趨叩將軍轅，不願操兵願打拳。將軍氣湧徧傳檄，從此殺敵先殺賊。

這幾句寫出了軍心動搖，也反映出聶士成處境的艱辛，官、賊、敵、軍的相繼對照，强化了悲劇性的色彩，令人對聶士成進退兩難的局面揑把冷汗。這種章法的運用的確能加强詩歌的感染力，聶士成將軍蒼涼悲壯的典型，因此而獲得傳神的塑造。

此外，如〈哭威海〉（卷八）全用三字句，加上語法上的重複使用，使這首刻劃中日威海衞戰役的長詩，節奏急促，感情激烈，將憤怒與哀慟雙重情結表現得淋漓盡致。如「敵未來，路已窮，敵之來，又夾攻。」、「李公睡，戴公死。寇深矣！事急矣！」、「壞者撞，傷者鬥，破者沈，逃者走。」、「絲不治，絲愈棼，火不戢，火自焚。」這種特殊技巧營造出的特殊效果，令人讀來沈痛不已。

六、語氣轉折自然

黃遵憲的古詩，由於篇幅長、情節複雜，因此在敍述上往往一波三折，以收跌宕跳躍之效，很少會讓人有一線到底的單調感。這主要是得力於他在章法上巧妙安排與重視語氣的轉折。如〈番客篇〉（卷七）中對人物出場的介紹，當新郎要出現時，黃遵憲僅大力鋪陳來賓之衆多與裝扮之華麗，然後筆鋒一轉：「簇新好裝束，爭來看新郎」，接著才描繪出新郎的一身服飾。對新娘的介紹，也是由「兩三戴花嫗，捧出新嫁娘」自然引出，因此以下對新娘的形容便毫不覺得牽强。尤其是對宴會來賓的描寫，技巧地塑造了人物「蒜髮叟」，透過他的敍述，座中客的形貌栩栩如生：

> 中一蒜髮叟，就我深淺商。指問座上客，脚色能具詳。上頭衣白人，漁海業打槳……左邊黑色兒，乃翁久開礦……曷鼻土色人，此乃吾鄉黨……右坐團團面，實具富者相……長頸獼猴面，此物信巨駔……君看末座客，揮扇氣抗爽……。

由作者的「眼」轉爲蒜髮叟的「口」，自然而流暢，既富變化又無礙於文氣的一脈相承，難怪這首紀錄新嘉坡華人婚禮的長篇古詩，至今仍能膾炙人口。

又如〈度遼將軍歌〉（卷八）中對吳大澂戰敗後的行徑有極生動的描繪，尤其是一些語氣詞的使用十分精準，耐人尋味。「兩軍相接戰甫交，紛紛鳥散空營逃。棄冠脫劍無人惜，只幸腰間印未失。」這其中的「幸」字真是道盡了他的迂腐醜態。接下來語氣一轉：「將軍終是察吏才，湘中一官復歸來……幕僚步卒皆雲散，將軍歸來猶善飯。」此「終」字甚妙，言其没有用兵才略，只有考察下屬文官的能力，戰敗又回湖南巡撫任，深具諷刺性。「猶善飯」的「猶」字則生動地勾勒出一個無能將軍苟且偷生的形象，令人憤慨無奈。這幾個語氣詞的嵌用，靈活而適切，使章法豐富多姿，獲得藝術上的成功。

第四節　整體表現上的特色

經由上面對於黃詩在句法修辭、篇章結構的一般性分析，我們可以發現，在形式經營上，黃遵憲如何繼承古典詩的書寫傳統，又如何開創出一個新的寫作典範。在這裏，擬更進一步採取整體觀察，來看黃遵憲在詩藝表現上的特殊之處。

一、意象繁複

所謂「意象」，是指作者的意識與外界的物象相交會，經過觀察、審思與美的釀造，成爲有意境的景象㉟。它包括感官及精神二種層次的經驗㊱。透過意象的塑造，詩人所感受、體會到的抽象意念，可以具體而生動地傳達，讓讀者如同親見親受，增加詩歌的感染力。成功的意象，往往能引起讀者感情的聯想，而使詩意豐富。因此，不論詩歌的創作或鑑賞，都不該忽略意象的適切掌握。每位詩人都有其喜愛的意象，自覺或不自覺地流露在詩作中，或寓志，或託諷，或指陳，或隱喻。關於這一點，劉若愚曾說：「關於意象還有一點應該考慮：顯示詩人之個性的意象。因爲『文如其人』，在一個人文體的形成中起重要作用的意象，時常提供了解這個人的線索。」㊲在研讀黃遵憲詩的過程中，不難發現其慣用的意象，這些繁複多姿的意象正好讓我們更進一步去探討其內心的特殊懷抱與真實動機。

㈠龍的意象：

在黃遵憲詩作中，「龍」的意象經常出現，如：

摩挲腰下劍，龍性那能馴。（二十初度）

山頭風獵獵，猶自誤龍旗。（香港感懷）

武不龍虎將旌斿（和周朗山見贈之作）

何物小魅不匿廋，公然與龍為仇讎。（同上）

龍泉腰下劍，一看一摩挲。（慷慨）

為雲為龍將翱翔（別賴雲芝同年）

路旁遙指衣黃人，側睞龍媒神亦悚。（烏之珠歌）

吁嗟龍性固難測（同上）

歸問白眉吾好友，可能追逐共雲龍。（別張簡唐並示陳綷尚）

神龍本自西海來（西鄉星歌）

登樓四望真吾土，不見黃龍上大旗。（到香港）

雲懶隨龍臥，風微任鳥還。（閉關）

嗟鐵圍，薄福龍，龍偃屈，盤之中。（哭威海）

技悔屠龍拙，時驚嘆蜡新。（支離）

千金懸格購龍醫。（感事）

閃電雙眸略似嗔，知君龍性未能馴。（己亥續懷人詩）

龍顏重奉日重光。（六用前韻）

「龍」的字眼不斷出現，絕非偶然，而是刻意經營所致。由這些例句中不難發現，龍的意象至少有以下三義：一是自我象徵，如「龍性」、「爲雲爲龍」等，藉龍這種雄偉神秘、充滿神力的動物來自比，寄託詩人不凡的心志；二是指中國，如「龍旗」、「黃龍」等，藉清帝國之黃龍旗幟來喻國族，十分具體而恰當。三是指光緒帝，如「龍顏」、「龍媒」等。這三種不同的含義，其實都傳達了一個共通的訊息：龍已不再高飛冲天，而是被困淺灘。不論是詩人自己、光緒帝或中國，在當時都遭遇到有志難伸、備受壓迫的苦境。作者愈是使用這種充滿力量象徵的意象，其實愈給人一種強烈的無力感。

㈡鳥的意象：

由於鳥類衆多，在他的刻意運用下，「鳥」的意象繁複多姿。如：

至今不願為閒鷗，乘風猶來海上游。（和周朗山見贈之作）

大鵬遇稀有，兩鳥忽相酬。（寄和周朗山）

不識新波長，沙邊有睡鷗。（人境廬雜詩）

最高枝上月，留待鳳凰來。（同上）

暫垂鵬翼扶搖勢，一學蠅頭世俗書。（將應廷試感懷）

大海容鷗住，高雲看鳥飛。（代柬寄詩五蘭谷並問諸友）

鳳凰飛飛上高岡（別賴雲芝同年）

空山猿鶴長相從（送秋月古香歸隱日向故封即用其留別詩韻）

拍拍羣鷗逐我飛，不曾相識各天涯。（海行雜感）

返景入林人坐久，昏鴉何事獨歸遲？（遊七星巖）

一行歸雁影零丁（夜泊）

大鵬恣扶搖，暫作六月息。（春夜招鄉人飲）

昂頭看黃鵠，高舉挾天風。（重霧）

相期雲漢高飛鵠，難忘江湖同隊魚。（得梁詩五詩）

梨花今夜雨，燕子隔年春。（鬱鬱）

磯頭黃鵠重相見，海底鰻魚未易尋。（上海喜晤陳伯嚴）

公自翔丹鳳，我行從白鷗。（題樵野丈運甓齋話別圖）

年來洗耳胸無事，一味貪眠看水鷗。（為何翽高兵部題象山圖）

月黑霜凝點客衣，廖天雁影乍南飛。（九月朔日啓程由上海歸舟中作）

佛前影怖棲枝鴿。（放歸）

回頭下視九州窄，高飛黃鵠今何方？（寒夜獨坐臥虹榭）

斜日江波聽鷓鴣，鷓鴣啼處是吾廬。（小飲息亭醉後作）

浮沈飄泊年年事，偶寄閒鷗安樂窩。（己亥雜詩）

茫茫人海浮沈處，添得閒鷗又二三。（同上）

繞樹烏尋誰屋好，銜雛燕喜舊巢安。（寄懷丘仲閼）

剪分鶉首天何醉？再拜鵑聲帝獨憂。（述聞）

上述例句，大致可歸納成以下三種類型：一是象徵自己才情抱負者，如不斷用「大鵬」、「鳳凰」、「黃鵠」來譬喻雄心壯志，但其真正所傳達的仍是一份有志難伸、垂翼暫息的滄桑無奈；二是寫自己在現實中遭逢挫折的身世之感，如「昏鴉」、「歸雁」、「棲枝鴿」等，尤其是〈雁〉一詩，更以「汝亦驚弦者」一言道破內心罹禍後的惶恐不安；三是對自由的嚮往之情，以「鷗」出現的次數最多，「鶴」、「燕」與「鷓鴣」亦是。他對政治不滿的情緒，透過這些經過選擇的意象運用，已映射得一清二楚。

㈢蟲的意象：

相對於比喻雄心大志的鳥類意象，黃遵憲也用心經營了另一組卑微又無能的「蟲」的意象。這兩組意象的不斷出現與刻意安排，其寓意十分明顯。如：

無數沙蟲殉一城（乙丑十一月避亂大埔三河虛）

豈知困獸猶能鬥，尚有羣蛙亂跳鳴。（同上）

密如營窠蜂，困似涸轍鮒。（遊豐湖）

跳梁小鼠敢肆惡（鐵漢樓歌）

衆作蟬噪嗤噍啁，小技蟲雕羞刻鏤。（和周朗山見贈之作）

下士萬蟻齊黑甜（庚午中秋夜始識羅少珊於矮屋中遂偕詩五共登明遠樓看月少珊有詩作此追和時癸酉孟秋也）

男兒竟作可憐蟲（同上）

暫垂鵬翼扶搖勢，一學蠅頭世俗書。（將應廷試感懷）

蒼蠅營營無萬數，下士大笑聲渝渝。（狂歌示胡二曉岑）

一舉雲霄希有鳥，頻年塵土可憐蟲（別張簡唐並示陳緈尚）

沈沈千蟻趨黑甜（八月十五夜太平洋舟中望月作歌）

不辨牛馬人，沙蟲紛擾攘。（登巴黎鐵塔）

人船兵甲各糜化，蟲沙萬數魚鱉千。（乙未二月二十七日公祭沈文肅公祠）

化為沙蟲為肉糜，與船存亡死不辭。（降將軍歌）

糜盡蟲沙剩猿鶴，拭乾殘淚說閒情。（為何翽高兵部題象山圖）

忍看灰礮毒，糜盡萬蟲沙。（天津紀亂）

從以上這些例句可知，黃遵憲是藉著「蟲」、「蟻」、「蠅」、「蟬」、「蛙」、「鼠」、「蜂」、「鮒」等自然界中較微小、低賤之物來比喻一般羣衆之無知、庸俗，同時也透過鵬鳥與蟲蟻的對比，象徵自己理想之高遠，與隨波逐流之世俗趣味格格不入的可悲。蟲蟻之生命低價，糜化千萬亦不足惜，除了博得可憐式的同情，事實上並無任何積極意義。他所厭惡的正是這種空洞虛無的人生，而其追求的，也正是蟲蟻所不知的「鴻鵠之志」。

㈣月的意象：

在黃遵憲詩中，「月」的出現次數極多，且暗含許多寄託之意，不可忽視。如：

古月懸天鏡獨看。（寓汕頭旅館感懷寄梁詩五）

以月喻友人梁詩五。

大千世界共此月，今夕只照人兩三。（庚午中秋夜始識羅少珊於矮屋中遂偕詩五共登明遠樓看月少珊有詩作此追和時癸酉孟秋也）

以月喻羅少珊，名為賞月，實為欣賞羅少珊之才情。

颯颯秋風夜氣深，照人寒月肯來臨。（上海喜晤陳伯嚴）

以月喻友人陳伯嚴。

玉關楊柳遼河月，卻載春風到舊廬。（放歸）

以月喻友人袁昶，在遵憲居上海為兵圍困，險遭不測之際，是時任總署章京的袁昶大力營救，才免罹禍而得以放歸，故以「楊柳」及「月」來形容之。

寒山片石月來照，中有光芒非公耶？（和平里行和丘仲閼）

此月正是丘仲閼的化身

沈陰曀曀何多日，殘月暉暉尚幾星。（夜起）

以沈陰喻慈禧等舊黨之龐大惡勢力，而以殘月象徵維新志士之遭受迫害。

援琴欲鼓拘幽操，月在中天天四垂。（到家）

此月是喻慈禧太后，因其重新垂簾聽政，等於月在中天。

表裏山河故無害，轉旋日月定重光。（讀七月二十五日行在所發罪己詔書泣賦）

以日喻光緒帝，月則指慈禧。

滄波淼淼八千里，圓月匆匆一百回。（到廣州）

以月之圓缺喻光陰迅速流轉。

錦袍曾賦小時月，月照恆河鬢已華。（己亥雜詩）

藉月之不改來喻光陰之逝，人之將老。

即今隔海同明月，我亦高吟三笠辭。（不忍池晚遊詩）

以共看明月來喻鄉愁。

舉頭只見故鄉月，月不同時地各別。（八月十五夜太平洋舟中望月作歌）

藉時地之差異來襯托鄉愁之無差異。

最高枝上月，留待鳳凰來。（人境廬雜詩）

此月已成理想之化身。

月隨瓜架漏，花入藥欄交。（同上）

純是寫月景。

柳梢斜掛月如丸（不忍池晚遊詩）

此純是寫景，以丸喻月之圓狀。

冷月嚴霜照一燈（己亥雜詩）

此是景，也是心境。

透過以上舉例說明，「月」的意象真是多彩多姿，或喻友人，或比慈禧舊黨，或射維新志士，或寫景，或寄理想，或敍鄉愁，或嘆光陰流逝，巧心匠作，不一而足。

除了上述所舉龍、鳥、蟲、月四種意象外，黃遵憲詩中值得挖掘的特殊意象尚多，如「劍」的意象，不僅是象徵力量，也代表了正義與尚武精神，刀劍所擁有斬除邪惡的功能，正是他想改革社會現實的强烈意象；又如「旗」的意象，詩中經常出現「龍旃」、「黃旗」、「漢旃」的字眼，這是國族的象徵，也是他效忠與敬仰的光輝圖騰，但是，隨著外國勢力的大舉入侵，「德國旃」、「八旗揚」（喻八國聯軍）開始出現，這些旗幟，卻是他痛恨與抨擊的邪惡象徵。

透過以上這些事物的具體屬性，使詩人內心抽象的情緒波動，做了清晰的圖現，而使讀者由潛在經驗世界中喚起强烈的共鳴，也使黃遵憲在意象塑造上獲得可觀的成就。

二、色彩鮮明

詩詞中的色彩不一定具有象徵意義，但至少從聯想中會影響到情感的產生與轉化，創造出詩的美感。詩的語言是一種意象語言，從「色相」產生的「意象」往往更能生動、鮮活。因此，研究中國古典詩歌中色彩運用的特色是十分必要的。黃永武先生曾指出：「每位詩人對不同色彩的嗜好度，是隨著詩人自身的性格而差異的，換句話說，色彩的偏好，就是性格的表現。如喜愛高彩度的暖色系，往往是喜歡熱鬧的人。喜愛低彩度的寒色系，往往是承受著寂寞的人。」[38]此外，他也舉例說明色彩與作品的關聯性，如溫庭筠之詩有「富貴佳致」[39]，與其喜用紅色有關；李賀喜用白色，杜牧喜用碧色，都象徵著各人不同的個性。透過統計發現，黃遵憲的詩有其特別偏好之顏色，其中以「紅」、「白」、「黑」、「黃」四色出現的比例最高，而且往往採取色系對比的技巧來擴大詩意渲染的效果，給人强烈而鮮明的視覺感受。例如：

肉雨騰飛飛血紅，翠翎鶴頂城頭墮。（悲平壤）

在一片血紅中，左寶貴將軍頭戴翠綠色的官帽因中炮而受傷墮城，這種對比的畫面十分具體而生動。紅色代表强烈、溫暖、濃重、緊張、憤怒；而翠綠色則象徵平和、生長、安息、輕柔、淡遠[40]。以一點翠綠躍入大片血紅中，給人一種動態的美感，戰況之慘烈就在其中無形烘托出來。

疏蓬剪燭人重話，短鬢簪花老漸羞。（九月初三夜招袁重黎柯巽庵梁節庵王晉卿諸君小飲和節庵韻）

這是紅與白的對比。紅燭代表溫暖熱鬧，白髮卻是寂寞悲涼，一暖一寒，年華老去之感益添沈重。

須白一二莖，雙鬢尚垂綠。（寄女）

白髮對綠鬢，將不服老的心境一筆勾勒得栩栩如生，色彩無形中已反映出詩人的情緒起伏與精神世界。

公自翔丹鳳，我行從白鷗。（題樵野丈運甓齋話別圖）

丹紅是暖色系，白色是寒色系，「暖色系統具有擴散作用，而寒色系統則向內收斂」[40]，丹與鳳相結合，正好透露出欲飛沖天的壯志，給人無限開闊之感，而白與鷗相結合，則恰巧相反，其中所含蘊的是寧靜、淡漠與狹窄之感。黃遵憲藉此二色傳達出仕與歸隱間的衝突矛盾，十分鮮明。

春郊三月楊柳絲，九衢夾道飛龍旗。（烏之珠歌）

楊柳是綠色，也代表感傷的別離；龍旗是黃色，也象徵富貴地位。以別離襯富貴，一種隱隱不祥之兆已然顯露，國勢陵夷之嘆不言可喻。

侵衣雪色添秋冷，繞檻燈光混月明。（九月十一夜渡蘇彝士河）

雪白，燈紅，這也是兩極化的色彩對比。將這種色系給人的寒暖之感應用在詩境的設計上，再配合詩中景物人情的悲喜情調，往往能產生微妙的效果，黃遵憲離鄉之愁及仕宦之失意明顯流露。

一輪紅日當空照，千家白旗隨風飄。（台灣行）

此處之「紅日」，是實景，也是日本的象徵，白旗則是投降的象徵，紅白相對照，既寫實景，又具諷刺的效果，黃遵憲對色彩之運用真是駕馭自如。

濃綠茁芽茶，淺碧釀花酒。斜紋黑普羅，雜俎紅氈毾。（紀事）

此處連用四種不同顏色，黑與紅皆是彩度高、質地重的色彩，濃綠亦然，碧色雖以「淺」字形容，卻有畫龍點睛之妙。透過這四色的舖陳襯托，氣氛的高貴、熱鬧已在視覺中充分呈現。

除上述舉例分析外，黃遵憲運用色彩之詩句多不勝舉。從紅、黑、黃色的不斷出現與白、綠的與之相應，也許正象徵了詩人內心世界的不平衡，情感上激烈的衝突扭結，這是我們由視覺經驗所得到的色彩聯想。其政治生涯的轉折多舛，目睹世變山河之異的痛苦鬱悶，也可從他詩中運用色彩的强烈對比窺知一二，這種特殊色彩的經營，無疑的也是黃遵憲詩歌形式上的一種特色。

【附　註】

①　潘飛聲《在山泉詩話》卷一，引自錢譜光緒二十五年條。

②　鄭子瑜《人境廬叢考》，頁七。

③　見胡適《嘗試集》〈小詩〉，頁一一五。

④　胡適《五十年來中國之文學》，頁一〇一。

⑤ 梁容若〈黃遵憲評傳〉，頁三四五。
⑥ 增田涉著、劉纕英譯〈關於黃遵憲〉，收於《南洋學報》第十九卷第一至二期。
⑦ 島田久美子《黃遵憲》解說部份。
⑧ 梁啓超《清代學術概論》，頁七三。收於《飲冰室合集》第九册。
⑨ 左舜生〈黃遵憲其人及其詩〉，收於《中國近代史話初集》，頁一〇四。
⑩ 梁啓超《飲冰室詩話》第八則。
⑪ 見陳敬之《文苑風雲二十年》有關黃遵憲部份，頁八五。
⑫ 同註⑩。
⑬ 楊向時〈人境廬詩摭述〉，見《政治大學學報》第四期。
⑭ 梁啓超在《飲冰室詩話》第六十則中，曾舉譚嗣同〈金陵聽說法〉一詩爲例，指出一些新名詞令人「無從索解」；另又指出夏曾佑詩中也有許多「無從臆解之語」，這些失敗的嘗試，令他「至今思之，誠可發笑」。
⑮ 張淑香《李義山詩析論》，頁九七。
⑯ 黃師慶萱《修辭學》頁九：「修辭學是研究如何調整語文表意的方法，設計語文優美的形式，使精確而生動地表達出說者或作者的意象，期能引起讀者之共鳴的一種藝術。」
⑰ 黃永武《字句鍛鍊法》，頁一八三。

⑱ 前揭書中，黃永武舉蘇頲〈奉和春日幸望春宮〉詩中的「東望望春春可憐」句爲例，「望春」是宮名，上重出一個望字，下重出一個春字，但沒有「望望」、「春春」的意思，所以重出字與疊字不同。見頁一八四。
⑲ 前揭書，頁九九。
⑳ 前揭書，頁一〇七。
㉑ 前揭書，頁六三。
㉒ 前揭書，頁六九。
㉓ 黃師慶萱《修辭學》，頁四九九。
㉔ 同註⑰，頁九。
㉕ 以上所引諸家詩評，俱見《人境廬詩草》原稿本卷五至卷八跋，轉引自錢仲聯《人境廬詩草箋注》，頁一〇八四—一〇八九。
㉖ 劉勰《文心雕龍》卷八〈事類〉。
㉗ 錢仲聯《人境廬詩草箋注》之〈前言〉，頁一二。
㉘ 鄭子瑜〈五四新文化運動的先驅者——黃遵憲〉，爲提交「紀念五四運動七十周年國際學術討論會」的論文，尚未於報刊發表。本文所引係據鄭先生影印的贈稿。
㉙ 梁容若〈黃遵憲評傳〉，頁三四四。

㉚麥若鵬《黃遵憲》。
㉛見錢譜光緒二十八年條。
㉜同註㉕。
㉝王志健《現代中國詩史》，頁二十。
㉞這十九首詩，請參看《飲冰室詩話》第七十八則，或《人境廬集外詩輯》，頁六四至六六。
㉟黃永武《中國詩學‧設計篇》，頁三。
㊱劉若愚《中國詩學》，頁一五五。
㊲前揭書，頁一九九。
㊳黃永武《詩與美》，頁五五。
㊴《苕溪漁隱叢話前集》卷二十三「溫庭筠」條。頁一五三。
㊵有關色彩的象徵與聯想，可參看《青紅皂白——中國古典詩歌中的色彩》之〈引言〉部份。蕭水順撰，故鄉出版社。
㊶前揭書，頁二八。

第六章　黃遵憲詩的風格論

前　言

文學上的所謂風格，是指文學作品在內容和形式的和諧統一中所展現出來的特色，而且作家個人風格與作品風格常常是融滙一體的，因此才會有「風格即人」①的說法。曹丕在《典論》〈論文〉中論作家的個性和風格是如此②，嚴羽在《滄浪詩話》中論風格的獨特性時亦然③，甚至方孝儒更直接說道：「自古至今，文之不同，類乎人者，豈不然乎？」④由此可見，作品風格的形成，正反映出作家個人獨特的精神面貌。姚一葦先生說：「所謂風格，乃一個時代的一般性或社會意識，與一個藝術家的特殊性或個人意識，透過藝術品的形式與品質而形成的那一藝術家的世界。」⑤而黃遵憲正是企圖在詩歌領域中構築出屬於自己特殊世界的嘗試者。究竟屬於黃遵憲個人的藝術世界是如何構築而成的？他的詩歌又呈現出何種不同風貌？這是本章所要論述的。

第一節　風格的成因

在〈人境廬詩草自序〉文中，黃遵憲曾自剖道：

其鍊格也，自曹、鮑、陶、謝、李、杜、韓、蘇訖於晚近小家，不名一格，不專一體，要不失乎為我之詩。

這段話正好說明了他詩風形成的過程。曹植深陷網羅的怨憤和苦悶心情；鮑照懷才不遇的牢騷；陶潛不隨流俗、恬淡樸實的性格；謝靈運對山水景物的觀察細膩，雕章琢句；李白的豪邁浪漫；杜甫的沈鬱寫實；韓愈的造語雄奇，力求創新；蘇軾的突破音律限制，揮灑自如。這些歷代大家的詩風，黃遵憲均加以學習借鑒。即使是晚近「小家」⑥，他也兼採並蓄（如龔定盦、曾國藩、黃仲則、宋芷灣、吳梅村、謝皐羽等人）。但是，在繼承優良傳統精華的同時，他特別指出要「不名一格，不專一體」，也就是要經過自己的溶鑄、錘鍊，不能生吞活剝，才能「不失乎爲我之詩」，自成一家面貌。狄葆賢《平等閣詩話》說他：「文辭斐亹，綜貫百家。」⑦正是指出其有意「轉益多師」，自創風格。

除了黃遵憲自己有意識地從事革新詩境的努力，博採諸家之長以爲己用外，整個晚清內憂外患的大時代環境，帝國主義的侵略，慈禧后黨的壓迫，也無可避免地塑造了黃遵憲的詩風，正如南宋之際愛國詩篇大量湧現一般，苦難的時代，是使黃遵憲戴上「愛國詩人」冠冕的直接成因。此外，由於異域閱歷的豐富，也使他的詩風很明顯地不同於當時一些未出國門的詩人（詳細背景的敘述，參閱本論文第一章第二節）。總之，在時代環境、詩壇流派及個人意識的相互影響下，黃遵憲以其優異的才情，自然凝塑出個人嶄新的風格。雖然，在讀他的〈拜曾祖母李太夫人墓〉（卷五）時，對其中描寫兒時在曾祖母愛撫下的情況，記憶中太婆生活的片段，個人童年頑皮的舉動，都不得不令人聯想到杜甫的〈北征〉和〈自京赴奉先詠懷五百字〉等詩篇；讀他的〈己亥雜詩〉（卷九）時，也會想到龔定盦的〈己亥雜詩〉，但是，「赤穗四十七義士歌、逐客篇、紀事、錫蘭島臥佛、今別離、番客篇、以蓮菊桃雜供一瓶作歌、病中紀夢述寄梁任父等表現新事物、新意境的詩篇，無論如何，總不是前代詩人所能範圍的」⑧。不同的時代、身世、閱歷、胸襟、才情，以及在詩歌題材上特殊的選擇安排、形式手法上的推陳出新，使得黃遵憲能在衆多「大家」、「小家」中脫穎而出，成就他個人的特殊風格。

第二節　風格的類型

一位詩人的風格，絕少是一成不變的，隨著心境、經驗轉換，其詩風也隨之發展。黃遵憲在戰火世亂中成長，親歷國事紛雜多變、外患頻仍的危機處境，現實中豐富的題材正好提供了他多樣風格的基礎。但歷來評論，大多偏重他對革新詩境的努力，以新名詞、域外題材入詩的特色，對於他的詩風格的研究缺乏系統的介紹，偶有言之者，亦只是「雄」、「元氣淋漓」、「倜儻」、「恢張」等印象式批評，沒有做比較全面、周延的考察。事實上，他的詩風可以歸納成幾種類型來探討。不過，在論述之前，有必要先提出黃遵憲在整部《人境廬詩草》中隱隱呈現的一項重要特質，這項特質可以三字概括：憂、憤、悲。這是情緒，不是詩風，但這種情緒貫穿了他大部分詩作。仔細思考黃遵憲生命的基本情調，應該是政治的，而不是文學的，他是「餘事且詩人」（支離・卷八），也是梁啓超所謂：「豈直詩人之詩云爾哉」⑨。國族存亡的危機意識令他心憂，當權者懦弱無能、苟且偷生令他心憤，時勢與一己抱負之不可爲令他心悲，這三種情緒融合雜揉，成爲其詩歌給人最强烈的感受，也是其詩風異於同時詩人的最重要原因。這種情緒自然影響了其風格的誕生。

了解黃遵憲這種情緒的强烈流露，就不難理解其詩作何以剛健者多，溫婉者少；沈鬱者多，閒適者少。姚一葦先生云：「吾人對於一個作家或一部作品的風格探討時，一方面要衡量它的時代性，與它所具現的時代意識；另一方面同時要研究他個人的心理和生理的狀態，以確立它的特殊性與它的個人意識。」⑩黃遵憲的一生經歷與創作題材的選擇、形式特色等都已在前幾章中詳細論述過，而其心理基礎也已如前述，據此再來探究其風格，相信可有進一步的掌握與認識。

一、雄放勁健

黃遵憲大部分詩作，多是直抒胸臆，以雄渾剛健之氣，達汪洋浩瀚之思。陳三五稱他爲「天下健者」⑪，何藻翔指其五古「奧衍盤礴」⑫，汪國垣說：「黃氣體較大，波瀾較宏」⑬，錢仲聯說：「它像山嶽那樣地崢嶸，又像江濤那樣的奔放。」⑭這些評論，大抵皆指出其雄健詩風。這類風格多見於古體詩，近體詩較少，是其詩歌藝術中最具代表性的特色。如：

拍手引鸞鳳，來從海上游。大鵬遇希有，兩鳥忽相酬。金作同心結，刀期繞指柔。各平湖海氣，商榷共登樓。（寄和周朗山・卷一）

這首五律，起筆不凡，寫二人一見如故、志氣相投之感，以鸞鳳、大鵬相喻，氣氛確如湖海壯闊，豪放得意。

飛鳥不若笯鳳，游麟不若豢龍。虛譽不若疑謗，速拙不若緩工。高臺落日多悲風，我劍子劍弓子弓。與子拍手青雲中，但須塞耳甘耳聾。蒼蠅營營無萬數，下士大笑聲滃滃。（狂歌示胡二曉岑・卷二）

這是首諷諭詩，幾乎全爲議論。詩人主張「真」、「工」，反對虛僞，批評速拙，對人世間像鬧嚷嚷的蠅爭血，如下士的聞道而大笑，都嗤之以鼻。這充分表達了詩人不隨流俗之耿介性情。

手挽三江盡北流，寇氛難洗越人羞。黃巢毒竟流天下，陶侃軍難進石頭。鋌鹿偶然完首尾，爛羊多賴得公侯。欃槍掃盡紅羊換，從此當朝息內憂。（羊城感賦・卷一）

全詩寫太平軍作亂，清廷鎮壓之行徑，慷慨激越，氣勢磅礴，愛國之情凝於筆端。

結客須結少年場，占士能占男子祥，為雲為龍將翱翔，擔簦跨馬毋相忘。蒼梧之水悠且長，中有潯山山蒼蒼。前有龍呂後朱王。靈芝繼起殊尋常，渾金璞玉其器良。皇皇使者鐵網張，摩挲三之貢玉堂。鳳凰飛飛上高岡，立足未穩天風剛，吹爾斂翼下八荒。（別賴雲芝同年・卷二）

此段是寫應試落第，但毫無沮喪之氣，反與賴雲芝相期共勉，爲雲爲龍共翺翔，筆力渾實，氣勢萬鈞。

休唱攘夷論，東西共一家。疏防司里館，謝罪使臣槎。詎我持英蕩，容人擊副車。萬方今一概，莫自大中華。（大嶽四首・卷二）

這首詩呈現出黃遵憲四海一家的世界觀，不妄自尊大，也不容異族欺凌，理直氣壯，震人耳目。

銅琶高唱大江東，不許閒愁惱乃公。四海霸才能有幾，今宵歡樂又偕同。狂呼酒盞看樊素，醉拭刀鋩辨正宗。離別尋常休悵怨，男兒志本在飛蓬。（徐晉齋觀察吳翰濤貳尹隨使美洲道出日本余飲之金壽樓翰濤即席有詩和韻以贈・卷三）

這首雖是酬贈之作，但文氣恣橫，充滿豪放歡暢之情，一氣呵成，結尾言志，尤見灑脫。

……將軍威嚴若天神，將軍有令敢不遵，負將軍者誅及身。將軍一叱人馬驚，從而往者五千人。五千人馬排牆進，綿綿延延相擊應。轟雷巨礮欲發聲，既戟交胸刀在頸。敵軍披靡鼓聲死，萬頭竄竄紛如蟻。十盪十決無當前，一日橫馳三百里。……（馮將軍歌・卷四）

這一段敍述馮子材將軍在戰場上衝鋒陷陣、英姿煥發的情景，並呈現出戰況的慘烈悲壯，節奏明快，生動逼真。輝煌事績襯以雄渾的筆調，相得益彰。

長風吹月過江來，照我華堂在手杯。莫管陰晴圓缺事，盡歡三萬六千回。胸中五嶽撐空起，眼底浮雲一掃開。玉管銅絃兼鐵板，與君扶醉上高臺。（夜飲・卷五）

此詩借景抒情，道出內心無限豪情，氣魄龐大，不下太白，只是胸中雖有五嶽欲撐空，眼底浮雲卻不一定能掃開，最後扶醉上高臺，給人一種浪漫的空虛感受，表面意興風發，其實只是醉想，隱隱悲愁依然浮盪其間。

青者皇穹黑劫灰，上憂天墜下山隤。三千六百釣鼇客，先看任公出手來。（贈梁任父同年・卷八）

這也是在天墜山隤的黑暗籠罩下，冀望梁啓超能力挽狂瀾，「先看任公出手來」，態度殷切，厚望深焉。下筆如走雲連風，氣勢矯健。

滔滔海水日趨東，萬法從新要大同。後二十年言定驗，手書心史井函中。（己亥雜詩・卷九）

此詩大發議論，不僅見解不凡，詞句也給人波瀾壯闊之感。

除了上述所舉各詩例外，其長篇古詩幾乎都是詩風雄渾，大塊淋漓，如寫中日戰爭的〈悲平壤〉、〈東溝行〉、〈降將軍歌〉、〈度遼將軍歌〉、〈台灣行〉等，或是以華僑及留學生爲題材的〈逐客篇〉、〈番客篇〉、〈罷美國留學生感賦〉等，都是能與時代現實相結合，爲歷史悲劇做見證的佳作。黃遵憲擅長紀事史詩，場面的鋪陳、人物的形態，透過他波譎雲詭、縱橫出沒的經營，一幅幅悲壯的畫面便自然烙印在讀者腦海中，久久揮之不去。

二、沈鬱蒼涼

這類詩風，在情感表露上較深沈內斂，在氣勢上也非雄渾剛健，而是出以含蓄的蒼涼憂思，和前一類型詩風相比，一顯一藏，一明一暗，一剛一柔，但其悲痛之心境卻無二致。事實上，雄放與沈鬱，都是構築在同一情感基礎上不同風貌的呈現而已。這類詩歌也是俯拾皆是。

策策秋聲木葉乾，百端蕭瑟入心肝。顛風斷渡鈴能語，古月懸天鏡獨看。未到中年哀樂備，無多同調別離難。巡檐繞室行千遍，剛對孤燈又倚闌。（寓汕頭旅館感懷寄梁詩五・卷一）

這首懷友之作，從「秋聲」、「蕭瑟」、「斷渡」、「古月懸天」等外界景物的描寫直接映照詩人「哀樂」的內心世界，孤寂情懷躍然紙上。結尾再用「對孤燈又倚闌」的具象修辭，將其落寞情態更進一層强化，讀來令人感慨。

一行歸雁影零丁，相倚雙鳧睡未醒。人語沈沈篷悄悄，沙光淡淡竹冥冥。近家鄉夢心尤亟，拍枕濤聲耳厭聽。急趁天明催艄發，開門斜月帶殘星。（夜泊・卷五）

此詩寫自己思鄉情切，徹夜難眠。前四句純寫客觀景物，但不眠之意自現。後四句雖寫內心主觀的情緒活動，但也是透過景物來表達。一股深沉鄉愁滲入在字裏行間。林庚白說：「遵憲不攻近體詩」⑮，其實並不正確。

曾非吾土一登樓，四野風酣萬里秋。爛爛斗星長北指，滔滔海水竟西流。昂頭高照秦時月，放眼猶疑禹畫州。回首宣南蘇祿墓，記聞諸國賦共球。（夜登近海樓・卷七）

光緒十七年九月三十日，黃遵憲在經過長途跋涉後，抵達新嘉坡任所，此詩作於到任後不久。從首句的肯定「非吾土」，到後來的「猶疑禹畫州」，極其巧妙地道盡詩人對國力衰微的無限感慨，詩風蒼涼沈鬱。

曾聞太姆會羣仙，霞縟雲絪敞綺筵。齊唱人間可哀曲，卻忘天上是何年。橫爭叢博拼孤注，醉擲陶輪碎大千。賸取山河月中影，不成滄海不成田。（中秋夜月・卷十）

這首詩借典諷政，抒發了詩人對慈禧擅權，致使祖國山河殘破的深沈哀痛。結語以景寓情，情景交融，「月中影」予人一種朦朧幻滅之感，滄海桑田則有人事更迭迅速之歎，其中所含蘊的正是一種「孤臣無力可回天」的鬱鬱憂思。

千聲簷鐵百淋鈴，雨橫風狂暫一停。正望鷄鳴天下白，又驚鶩擊海東青。沈陰曀曀何多日，殘月暉暉尚幾星。斗室蒼茫吾獨立，萬家酣夢幾人醒？（夜起・卷十一）

此詩約作於光緒二十七年（一九〇一），當時黃遵憲在梅縣家居。詩中寫夜起所聞、所見、所感，反映了作者對八國聯軍侵略中國、沙俄占領東北的憂國之情。「沈陰曀曀」、「殘月暉暉」，既是寫景，也是暗陳客觀環境的黑暗險惡，處在這種「萬家酣夢」的局勢中，詩人只能獨立斗室，望天發沈鬱之長歎！

從上述詩例看來，形成黃遵憲沈鬱蒼涼詩風的主因，是國族危機的日益加深，朝政時勢的不可挽回，加上個人際遇的不諧。在詩人憂憤熾烈的情感激盪下，這些詩篇都聲裂金石地震撼了讀者的心弦。這種詩風不僅見於晚年諸作，在早期作品中實已多所呈現，詩人敏銳多感的心靈，在晚清變局的衝擊下，極其早熟地獲得了洗煉與造就，因此，雄放勁健與沈鬱蒼涼便成爲其詩作中最基本且重要的兩種風格。吳德潚在跋《人境廬詩草》時說：「性情深厚，識力堅卓，故能以雄直之氣，達沈鬱之思。」⑯頗中肯棨，可謂的論。

三、奇變險峭

奇變險峭詩風的成因，應是源於黃遵憲對詩境革新的嘗試。或以文入詩，或喜用奇字新名詞，或出以新奇的聯想，或運用誇大的描寫，都會使詩風顯得奇峭多姿，出人意表。這方面作品的大量創作與成功，使得黃遵憲樂於自道其詩爲「連篇新派詩」。這類詩風之作，在其出使各國期間最爲明顯。如：

> 龍門竟比禹功高，亘古流沙變海潮。萬國爭推東道主，一河橫跨兩洲遙。破空椎鑿地能縮，銜尾舟行天不驕。他日南溟疏闢後，大鵬擊水足扶搖。（蘇彝士河．卷六）

光緒十七年，黃遵憲從法國抵達埃及之塞得港，準備經蘇彝士運河前往新嘉坡，寫了這首歌頌偉大工程的詩。「一河橫跨兩洲遙」寫運河的鑿通，連接亞洲與歐洲；「地能縮」則指縮短了兩洲間的水路距離。這種新奇經驗刺激了詩人，產生特殊的聯想，令人耳目一新。

> 是耶非耶其夢耶？風乘我我乘風耶？藤牀簸魂睡新覺，此身飄飄又天涯。（海行雜感．卷四）

這首詩寫置身船中，睡在藤床上隨浪搖擺不定的經驗。首二句富節奏性的描敍，「耶」字的重覆出現，給人一種搖擺的韻律感，結尾的「飄飄」更强化了這種新鮮的體驗。用「簸魂」來形容自己身體的搖晃，用語大膽而奇特，「睡新覺」更是詭譎。全詩比喻巧妙，充滿奇險之氣，想像力獲得了活潑的馳騁。

波光淡白月黃昏，何物婆娑石上蹲？欲廢平生無鬼論，回頭卻是黑崑崙。（養疴雜詩・卷七）

這首詩充滿懸疑氣氛，首句先寫場景，在暗淡不明的光線下，不知「何物」在石上蹲著，此「物」字甚妙，點出心中的遲疑與誤解。接著仔細一瞧，原來是新嘉坡的黑人土著，由於色黑如墨，令詩人乍以爲鬼。末二句的揭曉，令人啼笑皆非，這種誇張的描寫，富推理效果的結構安排，使這首詩充滿懸宕險峭的格調。這種作品在古典詩中實不多見。

薄薄陰茶一吸餘，點心清露挹芙蕖。青衣擎出酒波綠，徑尺玻璃紙片魚。（不忍池晚遊詩・卷三）

這首詩充滿異國情調，將日本人偏愛精緻細薄的民族性具體表出。櫻花茶的量少、杯小；點心只是如露滋荷般的數量；生魚片更是薄如紙片。這樣集中的描寫，使事物的新奇感大增，誇張的修辭則使人感到豐沛的趣味。錢仲聯說黃遵憲的詩風「權奇倜儻」⑰，應是就這類詩有感而發的。

除上述詩例外，足以代表奇變險峭詩風的，還有描寫日本箱根奇特風光及險峻山勢的〈游箱根〉（卷二）；藉佛教的興衰變化，記列強對東方侵略的長篇巨構〈錫蘭島卧佛〉（卷六）；用誇張手法，描繪倫敦大霧瀰漫的〈倫敦大霧行〉（卷六）；用輪船、火車等新事物入詩的〈今別離〉（卷六）；以及運用擬人手法，描摹幾種花的不同神態，被梁啓超譽爲「半取佛理，又參以西人植物學、化學、生物學諸說，實足爲詩界開一新壁壘」⑱的〈以蓮菊桃雜供一瓶作歌〉（卷七）等，皆別開生面，語言新穎，富時代氣息，具備了另闢蹊徑、奇變險峭的詩風。

四、清新柔婉

黃遵憲集中具清新柔婉詩風的作品並不多，除了被錢仲聯稱贊爲「迴盪著百折的柔情的」〈都踊歌〉⑲及〈山歌〉、〈新嫁孃詩〉等屬於民歌性質的詩作外，寥寥可數。這主要是黃遵憲在創作上偏好感懷、詠史等大氣淋漓的詩風所致，他所追求的是雄奇的境界，風雷鼓盪的生氣，事實上，這也是當時許多古典詩歌改革者共有的特色。不過，黃遵憲一些偶然興到的抒情之作，倒也充滿了清新溫婉的情意，令人感動。如：

> 畫閣垂簾別樣深，回廊響屧更無音。平生愛爾風雲氣，倘既消磨不自禁。（爲詩五悼亡作・卷一）

這首詩以景寓情，寫此情不再的悲哀，手法婉轉含蓄，而濃情蜜意卻益加纏綿。

> 新聲五十瑟弦調，愛我詩曾手自鈔。遠隔蓬山思甲帳，此生無福比文簫。（歲暮懷人詩・卷六）

這是黃遵憲懷女友之作，情感欲露還休，吞吐不明，詞采清麗，讀之令人蕩起陣陣幽思。

> 一燈團坐話依依，簾幕深藏未掩扉。小女挽鬚爭問事，阿娘不語又牽衣。日光定是舉頭近，海大何如兩手圍？欲展地球圖指看，夜燈風幔落伊威。（小女・卷五）

這首詩充滿家庭和樂氣氛，父女情深的畫面生動地呈現。全詩純用白描，語句自然直率，溫柔的情思淡淡烘托，真摯動人。

此外，如〈九姓漁歌曲〉（卷四）記清廷宗室寶廷納妾自劾一事，雖偶有濃艷大膽的鋪陳，但大體上不脫清新之氣，有麗辭而無淫語，也算是溫婉之作。這些黃遵憲集中鳳毛麟角的詩篇，雖然不多，但卻不經意間勾勒出一位詩人溫柔多情的一面。

五、閒適恬淡

黃遵憲的生命本質充滿矛盾衝突，早年抨擊科舉，卻又不斷赴試即是一例。中年以後，際遇顛蹶，目睹時局多變、戰亂波盪，急欲革新的心志不斷起伏受挫，內心的焦灼憂焚應屬必然，因此他的詩中，風雲氣多，兒女情短，但是，在以遊覽、酬贈爲主的詩作中，偶而還是會流露出少許閒適恬淡的風格，語言洗煉典雅，顯現出詩人寧靜平和的一面，不過，正如龔自珍在〈舟中讀陶詩〉中所云：「莫信詩人竟平澹，二分梁甫一分騷」⑳，黃遵憲這些平淡蘊蓄之作，只是興到拈來，並非其詩歌的重要類型。如：

> 濃綠潑雨洗，森森竹千个。亭亭立荷葉，萬碧含露唾。四圍垂柳枝，隨風任顛簸。中有屋數椽，周遭不為大。羅山峙其西，豐湖繞其左。關門不見山，鑿穴叠石作。前檐響穲稏，後屋旋水磨。扶笻朝看花，入夜不一坐。亭午垂湘簾，倦便枕書卧。偕婦說家常，呼兒問書課。敲門剝啄聲，時有老農過。君看此屋中，非他正是我。行移家具來，坐待鄰里賀。（遊豐湖・卷一）

這首詩寫詩人隱居湖畔，得以飽覽湖光山色、綠竹青荷。並時與老農共話桑麻，與妻兒共敘家常，擺脫羈絆，融融自樂。感物興懷，情意舒適，詞采華淨，頗近陶潛田園詩風。

開門看雨夢纔醒，一抹斜陽映畫屏。隨著西風便飛去，弱花無力繫蜻蜓。（不忍池晚遊詩・卷三）

此詩將日本上野不忍池的神韻風姿具體呈現，寫景如繪，視野忽大忽小，拈出蜻蜓隨風飛去的意象，給人飄逸自在之感。

一溪春水漲瀰瀰，閒曳烟簑理釣絲。欲覓石頭無坐處，卻隨野鷺立多時。（養疴雜詩・卷七）

此詩頗有自嘲之意，但頗能自我調適，忘情於山水間；情景交融，意境高遠，語言高古質樸，風格清雅雋永。

斜陽橋背立移時，偶有人過偶頷之。商略雨晴旋散去，不曾相識亦忘誰。（己亥雜詩・卷九）

這首詩脫俗清淡，格調深遠。從「偶有人過」到「不曾相識」，完全是與事無爭、瀟灑不拘的心境，詩意詩境俱美，令人擊節。足見黃遵憲並非拙於寫景抒情，只是長年奔波，難有閒暇罷了。

以上所敘黃遵憲詩作的風格雖有五大類型，但若就其數量來分析，則前三類實佔其作品的絕大部分，柔婉或閒適之作僅佔極少數而已，這是因創作的心態與題材所造成的差異。

總之，在憂、憤、悲的情緒基礎上，黃遵憲的詩作風格無可避免地會走上陽剛、雄渾、蒼涼的道路，這是整個時代環境的推波助瀾，同時也是詩人生命的自我選擇。

【附　註】

① 「風格即人」是法國作家布封的名言，見於一七五三年他在法蘭西學士院爲他舉行的入院典禮上的演說詞——「論風格」中。引自《文學理論資料滙編》中册，頁六九六。

② 〈論文〉中云：「王粲長於辭賦，徐幹時有齊氣……應瑒和而不壯，劉楨壯而不密。孔融體氣高妙，有過人者，然不能持論，理不勝辭……」這說明了作家不同個性適足以影響作品不同風格。見《漢魏六朝百三家集》中之《魏文帝集》，頁六九。

③ 嚴羽在《滄浪詩話》〈詩評〉中云：「子美不能爲太白之飄逸，太白不能爲子美之沈鬱。」這說明了作家與作品在風格上的獨特性。見《滄浪詩話校釋》，頁一五五。河洛圖書出版社。

④ 見方孝儒〈張彥輝文集序〉，四部叢刊集部《遜志齋集》卷六十二。

⑤ 姚一葦《藝術的奧秘》，頁二九四。

⑥ 如錢仲聯《夢苕盦詩話》云：「公度詩濡染於黃仲則、龔定盦及其鄉人宋芷灣頗深，余注中皆拈出之。」陳衍《石遺室詩話》云：「人境廬詩，驚才絕艷，人謂其濡染定盦，實則宗仰晞髮集甚至。……近始讀其全集，則固甚似皐羽也。」龍沐勛《中國韻文史》謂其「間接受曾國藩影響」；錢鍾書《談藝錄》云：「五古議論縱橫，近隨園、甌北，歌行鋪比翻騰處似舒鐵雲，七絕則龔定盦。」等，這些清代名家，應該就是序中所言之「小家」。

⑦見《人境廬詩草箋注》附錄三〈詩話〉上。
⑧錢仲聯《人境廬詩草箋注》〈前言〉，頁十一。
⑨《飲冰室詩話》第三三則。
⑩同註⑤。
⑪見《人境廬詩草》原稿本卷五至卷八跋。
⑫同前。
⑬見汪國垣《光宣詩壇點將錄》頁八「夏曾佑」條。
⑭同註⑧。
⑮林庚白《今詩選》〈凡例〉。
⑯同註⑪。
⑰同註⑧。
⑱《飲冰室詩話》第四十則。
⑲同註⑧。錢仲聯云：「當然，全集中溫婉妍媚的作品，並非沒有，〈都踊歌〉就是迴盪著百折的柔情的。」
⑳見《定盦文集補》之〈雜詩〉三百十五首。四部叢刊集部。台灣商務印書館，頁一二四。

結論——黃遵憲及其詩的評價

前言

透過前面六章的論述，對黃遵憲及其詩作的面貌，相信已得到較清晰的呈現。在近代史上，他是一位走在前面、有影響的人物，但他應有的歷史地位，長期以來並未如其詩作般受重視，人們往往把他看作一位詩人，只從文學的角度給予評價，其實這是不夠的。只有從近代思想啓蒙的角度去觀察，才能認清他的歷史地位。

以下就分從其人、其詩兩方面加以探討，冀能較客觀、完整地勾勒出屬於他應有的歷史評價。

第一節　黃遵憲的歷史地位與影響

嚴格來說，黃遵憲在晚清一羣具有前進思想的知識份子中，地位與影響並不是最爲突出。在康有爲、梁啓超、薛福成等人的光芒映射下，他的面目顯得有些模糊，這當與其始終位居下僚、英年早逝及客觀環境限制有關。在外交政策上，他的見解始終不爲清廷所接納；在湖南推行新政，卻好景不長，罷職放歸。一生坎坷失志時多，意興風發時少，這使得他的發展受到一定的局限。然而，做爲一名外交官，在十餘年的外交活動中，他的一些作爲與創舉，在靡弱不振的國勢下，爲華僑正當利益與民族尊嚴，做出了相當大的貢獻。長年究心時務、追求變法的結果，也使他在近代中國邁向現代化的發展道路上，建立了不可忽視的功績。

一、保護華僑，爭取民族尊嚴的傑出外交家

在外交活動方面，如何抵抗帝國主義的侵略，維護國家和民族利益，是他從事外交工作的指導方針。因此，在擔任駐日參贊期間，他爲琉球、朝鮮問題獻策，日本人曾發表言論說：「論黃某之官職，不如李鴻章遠甚，而李鴻章之識見，又不如黃某遠甚。」①駐美期間，他積極與歧視華人的新例和迫害華僑的行徑進行抗爭，發給護照使華僑往來無阻，聯合會館，消弭械鬥，這些努力使他備受華僑感念，也博得美方人士的尊敬。錢仲聯說：「黃先生爲中國歷來駐美外交官中，惟一能做保護華僑工作的人。」②梁啓超也贊譽說：「吾嘗遊美洲，去先生爲領事時且二十餘年矣，而吾民尚稱道此事不容口。」③足見其外交成就與影響。

在新嘉坡總領事任內，他奏開海禁，使清廷實施近二百年的「禁海令」廢止，華僑歸國不再受到欺榨迫害，有人稱贊此舉「乃中國保護歸僑之首倡」，爲「公度先生在總領事任內最值得紀念之政績」④，並且在列强實行治外法權的形勢下，使白蠟、石蘭峨等地不用英律，而採行大清律例，這更

是創舉，也是他在外交上又一重大成就。

回國以後，他受命辦理五省教案，不數月間，他就將江南數十年來懸而未決的教案，無賠償、無謝罪，不牽涉正紳、不波及平民，一律清結。外國領事與主教，都「感其神速」、「服其公平」⑤。此外，他又主持蘇杭兩地談判事，有力地駁斥了日方代表珍田舍己的無理要求，維護了國家民族的尊嚴。

以上這些外交上的成就，若非體察深入、富談判技巧與充滿愛國熱誠者不能達成，這也是黃遵憲會被稱爲愛國主義者的重要原因。他在這方面的經歷與成就，是康梁等維新志士所欠缺的。

二、中日文化交流的促進者

黃遵憲不僅在外交領域中致力於保護華僑，尋求祖國富强之道，也是發展中外文化交流的使者。特別在促進中日文化交流中做出顯著成績。

在駐日四年間，他經常與日本友人筆談，內容涉及中日兩國的政治、風俗、學術、文藝、語言等各方面，這些筆談遺稿，成爲研究中日文化交流史的珍貴資料。他也和日本漢學家合作，撰寫書評、序文，如《日本名家經史論存》、《日本文章軌範》等，還和日本友人酬贈詩作，書贈字匾。此外，他也積極向日本友人推荐中國古典文學。他高度評價《紅樓夢》，並親自圈點一部送給日本友人，日本漢學家實藤惠秀就曾指出：「據我考證，是黃遵憲首次將完整的《紅樓夢》全書介紹到日本來的。」⑥

黃遵憲同樣也向中國人民介紹日本文化。他的《日本雜事詩》和《日本國志》，便是介紹日本文化的精心傑作和研究日本歷史、風土人情的重要文獻。這兩本書，啓發了國內維新派以日本明治維新爲藍圖來實行變法。如果說《日本雜事詩》是以文學的形式向中國人介紹日本，以達到了解日本，特別是明治維新的目的，那麼《日本國志》則是通過日本古往今來的歷史事實，特別是明治維新後所發生的巨大變化，以論述形式大力提倡學習之必要。這兩本書的產生，意味著近代中國人在日本研究方面取得了劃時代的成就。

康有爲在〈日本雜事詩序〉一文中曾說：

而講其沿革、政教、學俗、以成其《國志》，而聳吾國人，用意尤深，宜其達政專對綽綽也。

梁啓超在讀了《日本國志》後，也寫了一篇〈日本國志後序〉，談到此書對他的影響：

中國人寡知日本者也。黃子公度撰《日本國志》，梁啟超讀之，欣懌詠歎黃子，乃今知日本，乃今知日本之所以強，賴黃子也。……其於日本之政事、人民、土地及維新變政之由，若入其閨闥而數米鹽，別白黑而誦昭穆。

民初著名作家周作人曾指出：

《雜事詩》一編，當作詩看是第二著，我覺得最重要的還是看作者的思想，其次是日本事物的記錄。⑦

日人實藤惠秀也指出：

黃遵憲對日本的研究……不只是研究日本現狀，而且從歷史著手，研究各方面的情況。將日本同中國作全面的比較，表現出想要把中國從危機中挽救出來的愛國熱情。⑧

總之，這兩本書是第一次深入而廣泛地向中國人介紹了日本，不僅是中國維新變法的啓蒙書，也是研究日本歷史文化的參考書。黃遵憲做爲一名中日文化交流的穿針引線者，其成就至今仍爲人津津樂道。據説仍有不少日本人來中國後，專程到梅縣去參觀「人境廬」⑨；一九八七年七月，日本駐「中共」大使中江要介，便推崇「黃遵憲先生是日本友好的先驅者」⑩。由此可見，黃遵憲確是中日文化交流的促進者，其地位與影響是獲得肯定的。

三、湖南新政的總策劃

歷史上的湖南新政，是晚清維新運動史中一個重要組成部份，發生在戊戌變法的前一年，對康有爲、譚嗣同等所領導的「百日維新」運動起了很大的影響和推動作用。如果説，這場運動是以康有爲的「公車上書」爲先導，那麼真正賦予維新運動以實踐意義的，應是湖南新政。

當時在湖南維新派中，唯一對外國政治制度有切身體驗的人是黃遵憲。因此，湖南新政中凡一切改革章程條例，都是由他參酌東西各國制度所訂定的。他的《日本雜事詩》和《日本國志》，在湖南被維新派廣泛傳閱，實際上成爲湖南新政取法日本以實行改革的理論基礎。所以，整個湖南維新運動受他的思想影響很大。梁啓超説：「湖南一切新政，皆賴其力。」⑪這話一點不假。

湖南新政中最有成效的是教育、警察（保衞局）、裁判（整頓刑獄）三項，前二者由黃遵憲親自主持，至於教育改革，如創立時務學堂，他也積極參與。正如近人鍾叔河所言：「黃遵憲在新政諸人中，所任實際工作最多。」⑫在南學會中，他也是一位重要領袖，狄葆賢在挽公度詩的「自注」中就說：「先生官湘臬時，與陳右銘中丞、江建霞、徐硯父兩學使，皆爲南學會領袖，今諸君俱下世矣。」⑬

由於新政的成功，頗得力於黃遵憲的策劃與主持，因此他博得了新派人士的高度評價。如皮錫瑞贊揚他：

> 公在湖南，為國為民，殫忠竭智……古之遺愛，非公而誰？⑭

徐致靖向光緒帝鼎力保荐，稱許他：

> 於各國政治之本原，無不窮究。器識遠大，辦事精細，其所言必求可行，其所行必求有效。近在湖南辦理時務學堂、課吏館、保衛局等事，規模宏遠，成效已著。⑮

徐致靖肯定他在湖南新政中的地位與貢獻。在維新派人士與朝中大臣的保荐下，黃遵憲得到光緒帝的重用。特別是光緒帝讀了《日本國志》後，深受啓發，領悟到從前洋務派「徒練兵制械，不足以圖强，治國之道，宜重根本」⑯，於是接受了《日本國志》所述的變法主張。不久，黃遵憲就被授命出使日本。雖然他尚未就道進京，政變已作，使他無法在此一改良運動中做出更大的貢獻，但從他對康有爲、梁啓超、光緒帝等維新派核心人士的影響來看，他在近代中國歷史上的地位已不容抹滅。

另外必須說明的是，做爲晚清一名向西方尋求救國真理的知識份子，黃遵憲在思想上有其積極性與前進性，這是可以肯定的。然而很遺憾的，他尚未完成由君主立憲向民主共和，改良到革命的思想轉變，就與世長辭，停止了探索的旅程。因此，對於身處過渡時代的黃遵憲，即使在政治思想上抱持著保守的立場，我們在研究時，應該站在同情與諒解的角度，膚淺地視之爲「落伍」、「反動」，是不公平的偏頗之論。

第二節　黃遵憲的文學地位與影響

晚清之際，是新舊文學交接的過渡時代，黃遵憲以其鮮明的主張與優秀的創作實踐，爲近代中國文學史提供一條清晰的線索，連接著新舊詩歌不同的領域。我們可以說，由於黃遵憲一些接近白話、口語詩歌的出現，爲民國以後的白話詩運動鋪陳一條雖嫌狹窄，方向卻正確的道路，使得新文學運動在符合文學發展規律下大步前進。雖然歷來對其詩作的藝術成就褒貶皆有，但僅就此一點而言，黃遵憲的詩在文學史上的地位已經不朽。

當然，我們也不宜過度膨脹他的成就，因爲一時代有一時代的文學思潮，其發展雖有賴於一二子的鼓吹提倡，但要蔚成時代風氣，卻必須有一羣人的合力才行。在「新派詩」的旗幟下，康有爲、梁啓超、夏曾佑、蔣智由、丘逢甲、黃遵憲等人，都以其一己之遭遇及對文學的思考，在詩作上呈現出不同的面貌。這些面貌的匯合，才是推倒晚清詩壇復古惡習的力量，才是新文學運動誕生的催化劑。只不過，在這一羣人中，黃遵憲的風貌最爲特殊，詩歌上的主張與成就也最爲人推崇，因此，才能在中國近代文學史上佔有一席重要的地位。

對於黃遵憲詩的評騭，歷來多不勝舉，以下擇錄若干條較重要者，庶見梗概。如梁啓超說：

近世詩人，能鎔鑄新理想以入舊風格者，當推黃公度。……生平論詩，最傾倒黃公度……吾重公度詩，謂其意象無一襲前賢，其風格又無一讓前賢。……要之公度之詩，獨闢境界，卓然自立於二十世紀詩界中，羣推為大家，公論不容誣也。（以上俱見《飲冰室詩話》）

梁啓超對黃遵憲詩之推許不遺餘力，此乃因二人有同鄉之誼，且在政治和文學上的見解皆極相近所致，即使有些過譽，其肯定黃遵憲爲晚清詩界大家卻是無庸置疑的。

此外，如高旭《願無盡廬詩話》云：

世界日新，文界詩界當造出一新天地，此一定公例也。黃公度詩獨闢異境，不愧中國詩界之哥倫布矣。近世洵無第二人。

徐世昌《晚晴簃詩話》云：

公度負經世才，少遊東西各國，所遇奇景異態，一寫之以詩。其筆力識見，亦足以達其旨趣。子美集開詩世界，為古今詩家所未有也。⑰

胡適在《五十年來中國之文學》中說：

康梁的一班朋友中，也有很多人抱著改革文學的志願。在韻文方面，他們也曾有詩界革命的志願，確曾有幾個人在詩界上放一點新光彩，黃遵憲與康有為兩個人的成績最大。但這兩個人之中，黃遵憲是一個有意作新詩的，故我們單舉他來代表這個時期。

胡適之所以舉黃遵憲一人做爲晚清詩界的代表，事實上也與他提倡文學改良的立場有關，黃遵憲的「我手寫我口」主張，是民初白話文運動的歷史源頭，因此他的詩，如〈山歌〉、〈拜曾祖母李太夫人墓〉等，才能獲得胡適極高的評價。雖然「五十年中，以詩名家者甚衆，決不止於胡君所推之金和、黃遵憲二人」⑱，但這畢竟是一條符合歷史潮流的正確道路，胡適舉他爲代表其實無可厚非，因爲黃遵憲的詩的確是影響了民國以後許多新詩創作者，如劉大白便是。針對這一點，瘂弦曾經指出，

中國傳統詩發展到晚清，在內容和形式上都呈現著嚴重的僵化現象，詩的藝術生命早已斲喪殆盡，而淪為名教的附庸或酬酢阿諛的工具。雖然一八九六至一八九七年間有譚嗣同、夏曾佑、黃遵憲等人倡議所謂「詩界革新」運動，終究沒能挽回這種頹勢。不過，此項革新對後來的「五四」白話文學運動卻發生了不少啟迪作用。正如朱自清在《中國新文學大系》詩集〈導言〉中所說：「這個『革命』雖然失敗了，但對民七的新詩運動，在觀念上，及在方法上，卻給予很大的影響。」劉大白便是在這樣的背景下所產生的一個典型，一個先後受到黃遵憲「詩界革新」和胡適的「文學革命」雙重影響下的過渡期人物。……他民前的詩多採五言、七律的傳統形式，雖然形式是舊的，但在精神上卻能打破前人的諸多束縛，不為傳統所拘牽，儘量發掘新的題材，以開拓詩界的疆域。這一點顯然是受了黃遵憲的影響。⑲

劉大杰《中國文學發展史》云：

由鴉片戰爭到辛亥革命的數十年中，社會生活與人民心理，都起了空前的變化，帝國主義武力不斷侵略，國勢危殆，太平天國革命與戊戌政變，激動人心。至於清末，詩風漸變，作者守舊無術，競言新體，遂有黃遵憲、譚嗣同、康有為、梁啟超新派詩的產生。成就較高，真能反映當代政治社會面貌而可作為新派詩代表的是黃遵憲。⑳

劉大杰的推贊，與鄭子瑜的評價，皆是從反映時代的角度來立論，鄭子瑜說：

黃遵憲不僅是一個愛國詩人，而就詩論詩，他在文學方面，也有過劃時代的貢獻。他開創了一種嶄新的詩風，能夠與時代的呼吸相通；他寫出了古人所「未有之物，未闢之境」。……在清代那個復古尊古的社會裏，他敢於目空古人，提出這樣的新主張，的確是相當大膽，也十分難得的。㉑

以上這些評論，都能夠將其詩作的特色與成就標舉出來，其地位與影響，在晚清諸詩人中，的確如他們所論，是能「一新詩界耳目」，不愧爲「新派詩的代表」的。

不過，他的詩還是有一些缺失，並非完美無暇。歷來批評者也不乏其人，但其中或訶責太過，或故意指斥，也有的涉於瑣碎。如吳芳吉〈四論吾人眼中之新舊文學觀〉中說：

新詩之歷程有五，始以能用新名詞者為新詩，如黃公度人境廬詩是也。……以能用新名詞者為新詩，是詩之本體徒為新名詞所蔽，不知詩之真偽，無關新舊名詞者也。……新派所以有此誤者，蓋其用功不直向詩之本體是求，而於末技是競，猶之看花霧裏，以霧為花，扣槃捫燭，翻

笑人眇，覺其無是處矣。黃公度今別離，氣象薄俗，失之時髦。㉒

徐英〈論近代國學〉中說：

金和、黃遵憲、康有為之詩，謬戾乖張，醜怪已極。而梁啟超謂其元氣淋漓，卓然大家，阿其所好，非通論也。㉓

這種見解宥於已見，批評失當，實不足觀。另有胡先驌在〈讀鄭子尹巢經巢詩集〉文中說：

黃公度康更生之詩，大氣磅礴則有之，而過欠翦裁，瑕異百出，殊未足稱元氣淋漓也。㉔

這種批評也不公允，吳天任曾針對此點批駁道：

蓋其志存革新，故著眼大處，開徑自行。顧先生豈不能為句雕字琢，競病推敲之工哉？其新派之作，鎔鑄翦裁，已遠過同時諸子；而晚歲感事近體，典雅洽切，隸事精工者甚多，近人且有病其咬文嚼字，過於炫弄技巧者，亦何可遽以粗放瑕累訾之？㉕

這段話大致能抓住黃遵憲詩風的重心所在。至於錢仲聯所言：

他的「別創詩界」說，也是不徹底的，他重視古風格，就不可能完全突破舊形式，而新意境的創造也受到限制。他的詩裏，用典故成語的地方，也遠較流俗語為多。㉖

任訪秋說：

我們認為他在詩歌的改革同創新上，的確成就很大，為並世作者所不及。但我們還嫌其不徹底，因其在形式上還未能盡脫古人蹊徑。㉗

這兩項意見應屬持平之論，黃遵憲的詩是存在有這些缺失的。但是錢仲聯自己也曾補充道：

予以為論公度詩，當著眼大處，不當於小節處作吹毛之求，其天骨開張，大氣包舉，真能於古人外獨闢町畦，撫時感事之作，悲壯激越，傳之他年，足當詩史。至論功力之淺深，則晚清做宋人一派，儘有勝之者，公度之長，固不在此也。㉘

儘管有這些缺點，但在當時的社會情況下，黃遵憲仍然不愧是難得的詩人。他曾說：「窮途竟何世，餘事且詩人。」（《文離．卷八》）並且「不屑以詩人自居」㉙，然而，詩卻是他一生最大的成就。透過《人境廬詩草》，我們不難看出，黃遵憲的詩歌理論，在他的創作實踐中，基本上能得到貫徹。他反對摹擬古人，提倡「我手寫我口」和用「流俗語」入詩的主張，對於把詩歌從復古的詩風中解放出來，有一定的催化作用。至於他對「五四」時期白話文運動產生過不小的影響，已是定論，不必贅言。由於這種承先啓後的地位，使他贏得了晚清「詩界革命」旗手的稱譽，也使他的詩在中國近代文學的發展歷程中，散發出不可忽視的光芒。

【附　註】

① 黃遵楷《先兄公度先生事實述略》，見《人境廬集外詩輯》頁一二二。

② 錢譜光緒八年條。

③ 指黃遵憲交涉美吏藉衛生問題逮捕華僑事，見〈嘉應黃先生墓誌銘〉。

④高維廉〈黃公度先生就任新嘉坡總領事考〉。
⑤同註①，頁一二七。
⑥鄭海麟《黃遵憲與近代中國》，頁七一。
⑦周作人〈日本雜事詩〉，載《逸經》雜誌第三期。
⑧實藤惠秀《日本雜事詩》日譯本「解說」。
⑨見李海燕、彭梅嬌合撰〈論黃遵憲的外交思想和活動〉。
⑩見鄭海麟《黃遵憲與近代中國》所附墨蹟。
⑪梁啓超《戊戌政變記》附錄二〈湖南廣東情形〉。
⑫鍾叔河〈黃遵憲及其日本研究〉，見《走向世界》頁三九九。
⑬錢仲聯《人境廬詩草箋注》附錄二〈詩話〉上。
⑭皮錫瑞《師伏堂未刊日記》戊戌五月初三日。轉引自鄭海麟《黃遵憲與近代中國》，頁四一八。
⑮同註⑩，頁四一八。
⑯同註⑩，頁二七六。
⑰以上各家評論，俱見註⑬。
⑱胡先驌〈評胡適五十年來中國之文學〉，見《人境廬詩草箋注》附錄三〈詩話〉下。
⑲瘂弦〈蛹與蝶之間——過渡期的白話詩人劉大白〉，見《中國新詩研究》，頁一四九。

⑳劉大杰《中國文學發展史》頁一〇二九。
㉑南梓維〈黃遵憲的經世才略和文學特色〉，按南梓維即鄭子瑜先生。
㉒同註⑰。
㉓錢仲聯《夢苕盦詩話》。
㉔同註⑰。
㉕吳天任《黃公度先生傳稿》，頁四八六。
㉖《人境廬詩草箋注》前言。
㉗任訪秋《中國近代文學作家論》，頁五八。
㉘同註㉓。
㉙《飲冰室詩話》第三十二則。

附錄一　黃遵憲文稿書札新編

說明

一、黃遵憲之文稿書札，由於缺乏整理編目，以致研究者搜檢不易，但一九七九年楊天石在其《黃遵憲》①一書後面，附有〈黃遵憲文目初編〉（以下簡稱〈初編〉），將其個人所見的資料輯錄成編，由於前人未曾整理，故甚具參考價值。

二、楊氏〈初編〉，分「篇目」、「年代」、「出處」三欄，因只是個人所見才錄，故稍嫌簡略，亦間有錯誤。錯誤之處，筆者加以改正並說明。簡略之處，則增以「主旨」一欄補充，並標出次第以明先後。

三、本表之製作，主要參考下列資料：

1. 黃公度先生年譜（收於《入境廬詩草箋注》之附錄）　錢仲聯撰（以下簡稱錢仲聯《年譜》）
2. 清黃公度先生遵憲年譜　吳天任編著（以下簡稱吳天任《年譜》）
3. 黃遵憲年譜　（日）島田久美子編
4. 黃遵憲文目初編　楊天石編
5. 梁任公先生年譜長編初稿　丁文江編著

6.胡曉岑先生年譜　羅香林編
7.人境廬叢考　鄭子瑜編著
8.飲冰室詩話　梁啓超著
9.明清詩文研究資料集（第一輯）　錢仲聯主編
10.黃遵憲與近代中國　鄭海麟著

四、日人增田涉在〈關於黃遵憲〉②一文中，曾感慨說：「依據錢氏箋注所引用，黃遵憲時時將其感想或感慨，寫在信札上，寄與各方面的友人，這些書信，目下遺留在一些人的手裏，然而這些文字，連一册書簡集都没有收集出版，實在可惜。每念及黃遵憲時，便覺得彼直接發表的意見和感想等資料，任其散在各處，對於我們的研究工作真是不便，而令人焦思。」此話筆者深以爲然。至於梁容若說：「公度的散文集，到現在還没有印出書，可見不是大家所重視的。」③此語並非否定黃文之價值，而是對客觀條件限制的浩歎，不宜誤解。

【附　註】

① 此書爲上海人民出版社出版，一九七九年八月。
② 此文見於新加坡《南洋學報》第十九卷一、二期。
③ 引自梁容若〈黃遵憲評傳〉，收於《文學十家傳》一書中。

次第	篇目	年代	出處	主旨	備註
1	與周朗山論詩書	同治十一年（一八七二）	《嶺南學報》第二卷第二期	論詩要有自家面目。書中云：「詩固無古今也，苟能即身之所遇，目之所見，耳之所聞，而筆之於詩，何必古？我自有我之詩者在矣。」	楊天石〈初編〉列於第二，次序不當，改列於此。
2	致胡曉岑書	光緒二年（一八七六）	北京圖書館藏。見於《胡曉岑年譜》。	思念友人之作。書中云：「別子後，仍讀書，旨率吾故常，無足述，惟吾所溢爲宴安酖毒者，此時中日已絕交矣。」	
3	中學習字本序	光緒四年（一八七八）	黃遵庚藏。見於楊天石《黃遵憲》。	爲兒玉士常撰。標榜「孔孟之道」，斥責西方「國政共主之治，民權自由之習」，流露封建思想。	
4	致鹿岡門短柬手迹	光緒五年（一八七九）	實藤惠秀藏。見於《南洋學報》第十七卷二期	應酬之語。柬文如下：「吾土新年多同貴邦風俗，客中凡百不備，亦無禮之足觀，仍不過獻一茶具一點	

				心耳，呵呵，惟自愛玉爲人。」	
5	先哲醫話跋	光緒五年正月	黃遵庚藏。	爲淺田栗園撰。	〈初編〉列於第六，於時間不合，改列於此。
6	日本文章軌範序	光緒五年閏三月	同前	借爲文必擇善法而對日本之效法泰西旁敲側擊，說：「學他人之法，不擇其善者…天下之事無一而可，豈獨文章也哉？」	
7	何淑齋先生暨范夫人八旬開壽序	光緒五年	同前		
8	仙桃集序	光緒六年五月（一八八〇）	同前	爲淺田栗園撰。	

9	明治名家詩選序	光緒六年六月	同前	爲城井錦原撰。	〈初編〉列行第十，時間不合，改列於此。
10	朝鮮策略	光緒六年六、七月間	同前 見於鄭海麟《黃遵憲與近代中國》。	一篇極有見地的外交策略文書。其中心論題是「防俄」，策略則有「親中國，結日本，聯美國」。	
11	牛渚漫錄序	光緒七年三月（一八八一）	黃遵庚藏。	爲淺田栗園撰。	
12	安井息軒讀書餘適序	光緒七年五月	同前 見錢仲聯《人境廬雜文鈔》，載《文獻》第七輯	指出書中筆記、雜說的學術意義。謂「出其餘力，綴爲雜文，以發抒事理，訂證古今。」	

13	春秋大義序		同前	以下三序，時間不能確定，然均在日所作，故列於此。	
14	皇朝金鑒序		同前 見於楊天石《黃遵憲》。	認爲可以向西方學習的只是輪船、鐵道、電信、財務、訓農、惠工之類，而君臣、夫婦、父子等「倫常綱紀」則「不可得而變革」。	
15	巡回日記序		黃遵庚藏。		
16	與日本友人筆談遺稿	光緒四年至六年（一八七八～一八八〇）	日本埼玉縣平林寺書庫藏。見於日本早稻田大學東洋文學研究會一九六八年鉛印本。	因語言不通，黃遵憲與友人以筆代舌，或議論時事，或探討文學。其後日人源桂閣將筆談紙片裝裱成册，以爲紀念。	

17	擬駁上海美商用機器制造綢緞等事書	光緒八年（一八八二）	黃遵楷《先兄公度先生事實述略》	引中美商約，雖有准其工作等字，而人工操作，不能指爲機器製造。書中闡述了他對扶持民族工商業，挽回國家利權的觀點。	〈初編〉列於第十八，時間不合，改列於此。
18	先妣吳夫人墓誌	光緒十一年十一月（一八八五）	黃遵庚藏。見於吳天任《年譜》附錄	追述懿德。謂「吾家累業豐饒，自己未乙丑兩經寇亂，驟以貧薄。」	
19	致胡曉岑書	同前	見於《胡曉岑年譜》	在美領事任滿回國，歸嘉應後有書致胡曉岑，言及海外之事與家人團聚之樂。	〈初編〉未列，據《胡曉岑年譜》增列。
20	爲金山中華會館紳商民等上鄭玉軒星使送行公稟	光緒十二年（一八八六）	黃遵庚藏。	黃遵憲駢文之作，僅見此篇。	

21	日本國志序	光緒十三年五月（一八八七）	見於《日本國志》。	言成書經過。謂有「採輯」、「編纂」、「校讎」等三難，成書不易。	
22	致王廉生書	光緒十五年（一八八九）	北京故宮博物院藏。	黃遵憲在京賦閒，結識不少友人，福山王廉生（懿榮）編修即其一。	
23	四弟公望墓銘詞	光緒十五年五月（一八八九）	黃遵庚藏。見於吳天任《年譜》。	公望發狂疾，以刀刺腹自殺。公度作銘詞「借舒吾悲」，並且「上以詰無可奈何妄言知命之聖賢，下以訊遭值事變不知紀極之何誰。」	
24	祭家簣山叔文	光緒十六年（一八九〇）	黃遵庚藏。		
25	興建侯書	同前	近代史研究所藏。		

26	致蔡毅若觀察書	同前	黃遵庚藏。見於錢仲聯《年譜》。	論湖廣總督張之洞於武昌創辦煉鐵局一事，謂「事有至難」，煉鐵爲「今之急務」。	
27	日本雜事詩序	光緒十六年七月	見於《日本雜事詩》。	言成書旨趣，謂「擬草日本國志一書，網羅舊聞，參考新政，輒取其雜事衍爲小注，串之以詩，即今所謂雜事詩是也。」	
28	人境廬詩草序	光緒十七年六月（一八九一）	見於《人境廬詩草》。	論作詩旨要。謂「詩之外有事，詩之中有人，今之世異於古，今之人亦何必與古人同？」	
29	致胡曉岑手札	光緒十七年八月	北京圖書館藏。見《胡曉岑年譜》。	與胡曉岑討論山歌之整理。謂「客民者，中原之舊族，三代之遺民」。	〈初編〉又列有〈懷胡曉岑同年詩後記〉及〈山歌題記〉，因屬

				同一書札，故合併於此，不另分列。
30	圖南社序	光緒十七年十一月	黃遵庚藏。見鄭海麟《黃遵憲與近代中國》。	說明改社之目的。謂「遵憲不才，承乏此間，尤願與諸君子講道論德，兼及中西之治法，古今之學術。」
31	曉諭採訪節婦示	光緒十七年	見鄭子瑜《人境廬叢考》。	爲挽海外頹風而作。謂「上以邀朝廷綽楔之榮，以下表閭閻彤管之美，本總領事實有厚望焉。」
32	先考思恩公述略	光緒十七年十二月	見吳天任《年譜》附錄。	敍其生平事功。有《逸農隨筆》等書傳世。
33	上薛公使書	光緒十八年（一八九二）	《南洋雜誌》第一卷第六期。	彙舉海外僑民與內地互相關涉，而須予分別查察禁革者，凡有多項，如船舶、財產、逃亡等。	《初編》年代（一八九一）似有誤，據吳天任《年譜》改。

34	章桂苑墓誌銘	光緒十九年四月	黃遵庚藏。	爲華僑張明雲（桂苑）撰。題爲〈誥授榮祿大夫鹽運史銜候選道章公墓誌銘〉。	
35	與女婿實君書	光緒十九年五月（一八九三）	《南洋學報》第十七卷第二期。原羅香林藏，今藏於阮廷焯之處。	所論均家常瑣事。謂「少壯真當努力，時一過往，何可攀援」。	•〈初編〉年代（一八九二）有誤，據阮廷焯考證改。見《廣東文獻季刊》第十六卷第一期。 •〈初編〉誤將「實君」寫成「君實」，今改。

36	上薛公使書	光緒十九年	見一九五一年《南洋年鑑》，錢仲聯《年譜》引。	請薛使奏開海禁，以堅華僑內嚮之心，書中云：「今欲掃除積蔽，必當大張曉喻，申明舊例既停，新章早定。」
37	上薛公使稟	光緒十九年六月	見《薛福成出使日本續刻》十九年六月初六日記。	請增設大小白蠟副領事。謂「此雖係英人保護之土，各國尚未設官，然此處寄寓只有華民，並無他族，事屬名正言順」。
38	與建侯書	光緒二十一年（一八九五）	北京圖書館藏。	
39	上某星使論外交家盡職書	光緒二十二年（一八九六）	黃遵楷《事實述略》。	言外交家辦事之法，有「挪展」、「漸摩」、「抵制」等。

40	致汪康年手札（三十三通）	光緒二十二年至二十三年（一八九六——一八九七）	上海圖書館藏。	繁多不載。	
41	致新嘉坡總督施公函	光緒二十三年（一八九七）	原載《叻報》。見《南洋學報》第十七卷第二期。	澄清並未「在新嘉坡有扣商人四萬元欲入己」之事，語意憤激。	
42	皇轅呈詞批示	光緒二十四年（一八九八）	《湘報》第一號		
43	楊先達等稟請速辦保衛局批	同前	《湘報》第三號		

44	馬仲林等稟請速辦保衛局批	同前	同前	表明舉辦之決心，內言：「自當盡心竭力，不避勞怨，刻日舉辦。」	
45	南學會第一、三次講義	同前	同前第五號	首倡民治。謂「亦自治其身，自治其鄉而已。由一鄉推之一縣一府一省，以迄全國，可以成共和之郅治，臻大同之盛軌」。	
46	桑植縣徐洸典一案簽駁	同前	同前		
47	衡陽縣莫月亭上控僧聽云詞批	同前	同前		

48	張瑞林等稟請速辦保衛局批	同前	同前第六號		
49	湖南保衛局章程	同前	同前第七號	以「去民害、衛民生、檢非違、索罪犯」爲職事。並認爲此是「凡百新政之根柢，若根柢不立，則無奉行之人，而新政皆成空言」。	
50	湖南遷善所章程	同前	同前第七、八號	是附於保衛局的一種組織，命犯人改過自新，藝成限滿，察看保釋，與他省之自新所章程相同。	
51	王蔚槐等請速辦保衛局稟批	同前	同前第八號		
52	簽駁辰溪縣李銀松一案	同前	同前		

53	會籌課吏館詳文	同前	同前第十一號	共三十六條。與近世公務人員訓練考成制度類似，明示課吏類別及考課辦法。	
54	簽駁醴陵縣徐洸懊一案	同前	同前第十二號		
55	簽駁慈利縣朱學攸一案批	同前	同前第十八號		
56	評湘潭縣迷竊匪犯劉豫林請正法一案	同前	同前第二十號		
57	州同抑正勛等稟催	同前	同前第二十一號		

	開辦保衛局批				
58	保衛局增改章程	同前	同前第二十三期	有關人員任免之規定。	
59	改定湖南課吏館章程	同前	同前第二十九號	吏員參加修課或有興革意見條陳之規定。	
60	呈復新寧縣李得有案	同前	同前第三十四號		
61	辰溪縣王道生大令稟批	同前	同前第四十七號		
62	覃茂三等攔途搶劫	同前	同前第四十八期		

	案詳文					
63	士紳劉頌虞等公懇示禁幼女纏足稟批	同前		同前第五十三號		
64	禁止纏足告示	同前		同前第五十五號	在告示中，認爲夫妻應平等，反對視女子爲「服役」、「玩好」之對象，並指出纏足之害，將使「四萬萬人半成無用之物」。	
65	常寧縣職員廖安邦等稟批	同前		同前第六十六號		
66	職員劉德泰等上控李蘭陔等稟批	同前		同前第六十六號		

67	通飭各縣慎重刑獄札	同前	同前第七十三號	詳述獄政之黑暗，淫刑之慘酷，並手訂整理監獄辦法十五條，通飭嚴厲施行。	
68	通飭各府州縣札	同前	同前第七十五號	要求各府廳州縣，就各地方情形，先籌辦法，稟候察核。	
69	飭長沙府行知月食札	同前	同前第七十八號		
70	丁周氏控謝之稟案札飭	同前	同前第七十九號		
71	王炳修踢傷陳學敏一案稟批	同前	同前第八十六號		

72	攸縣客民張承德呈批	同前	同前第八十九號		
73	益陽縣職員周萬昌等呈批	同前	同前第八十九號		
74	耒陽縣報曾慶鑒服毒身死教士干訟一案批	同前	同前第九十一號	批文中謂：「教士干預公事，在州縣不過視同時方紳士說事託情，其聽與不聽，准與不准之權，乃操自官。」	〈初編〉篇目少「教士干訟」四字。
75	禁止盜刻時務學堂課藝告示	同前	同前第一〇七號		

76	遵飭再行禁止盜刻時務學堂課藝告示	同前	同前第一三〇號		
77	致江叔海手札（二通）	同前	中國歷史博物館藏。		
78	時務報館告白	同前	《國聞報》一八九八年八月十六日		
79	日本雜事詩跋	光緒二十四年四月	長沙富文堂《日本雜事詩》定本	言此書之多種版本，並聲明此爲定稿，「有續刻者，當依此爲據」。	〈初編〉無此篇目。
80	劉甔庵詩序	光緒二十五年九月（一八九九）	見《明清詩文研究資料集》第一輯	此書通過評價劉甔庵詩，提出自己論詩之主張，謂「能以詩名家者，大抵率其性之所近，縱其才力聰明之所至，創意命辭，各不相師。」	〈初編〉無此篇目，據一九八二年新資料增列。

81	古香閣詩集序	光緒二十六年（一九〇〇）	《古香閣詩集》。見鄭子瑜《詩論與詩紀》。	爲嶺東女詩人葉璧華詩集作，並贊揚客人之勤奮，抨擊「女子無才是德之論」。	
82	致陳伯嚴書	光緒二十七年（一九〇一）	黃遵庚藏。見吳天任《年譜》	詳言戊戌別後狀況，並對伯嚴父右銘中丞捐館，深致懷念之意。	
83	梅水詩傳序	同前	黃遵庚藏。見吳天任《年譜》。	闡發語言文字必須合一之主張，謂「語言與文字合，則通文者多；語言與文學離，則通文者少」。	〈初編〉無此篇目。
84	致梁詩五書	同前	見《明清詩文研究集》第一輯。	言晚年雖處逆境，依然有憂國憂民之思想。謂「甑既破矣，顧之何益」？	〈初編〉無此篇目，據一九八二年新資料增列。
85	曾祖母李太夫人述略	同前	見吳天任《年譜》附錄。	敘其治家勤嚴，曾「手抱遵憲語於衆曰：人必以我爲偏愛，然此兒必副吾所望」。	以下二篇，〈初編〉未列，判斷是在家修年譜時補作，故列於此。

86	先祖榮祿公述略	同前	同前	敍其事母至孝，謂「咫尺不相離」、「不出鄉里」。	
87	攀桂坊黃氏家譜序	光緒二十八年春（一九〇二）	黃遵庚藏。見吳天任《年譜》。	言黃氏出處、演變，並惕勵後世子孫，謂「嘉應一州，十之九爲客人……雖歷年六百，傳世二十餘，猶別土著，而名之曰客」。	《初編》之年代寫「不明」，且列爲最後，今據吳天任《年譜》改正，列於此。
88	東海公來簡	光緒二十八年四月	《新民叢報》第十二號	論康南海之爲學及其思想，於康氏之尊孔子爲教主，未敢附和。	
89	東海公來簡	光緒二十八年五月	同前第十三號	謂我國政體當法英國，以「奉主權以開民智，分官權以保民生」爲主。	
90	致嚴又陵書	光緒二十八年六月	黃遵庚藏。見錢仲聯《年譜》。	討論譯著之事，有「造新字、變文體」之議。	《初編》次序有誤，當列於此。

91	水蒼雁紅館主人來簡	光緒二十八年七月四日	《新民叢報》第十號	言孔子「不當以儒術限」，其「聖在時中」，「在能用權」，爲此書立論之本。
92	致飲冰室主人手札	光緒二十八年八月二十二日	北京圖書館藏。見吳天任《年譜》。	以布袋和尚署名，爲任公商訂日課，並論及報中應刊詩歌，且主張斟酌彈詞粵謳。
93	論《國學報》手札	光緒二十八年八月	同前	時任公欲倡辦《國學報》，黃遵憲雖贊成其事，但認爲不以保有國粹爲當務之急，「略遲數年再爲之，未爲不可」。
94	菊花硯銘	同前	《飲冰室詩話》	銘有「還君明珠，爲汝淚滴，石到磨穿，花終得實」句。《初編》次序有誤，當列於此。
95	致飲冰室主人手札	光緒二十八年十一月一日	北京圖書館藏。見吳天任《年譜》。	論曾國藩。又錄寄軍歌二十四首、幼稚園上學歌等，並自負其五古詩。

96	與邱煒萲書	同前	《小說月報》第八卷第一號。見吳天任《年譜》。	論詩界創新，謂「思少日喜爲詩，謬有別創詩界之論，然才力薄弱，終不克自踐其言」。	〈初編〉次序有誤，當列於此。
97	致飲冰室主人手札	光緒二十八年十一月十一日	北京圖書館藏。見吳天任《年譜》。	時已收到《新小說報》，因略論小說作法及影響。	
98	致飲冰室主人手札	光緒二十八年十一月	同前	以老少年國之老少年署名，詳論保衞局與地方自治，合羣之道等。	
99	與人論學書	光緒二十九年（一九〇三）	《國民日日報》一九〇三年二十七日		
100	與弟牖達書	光緒三十年四月二十八日（一九〇四）	黃遵楷《人境廬詩草跋》引見吳天任《年譜》。	詳述病況與出處問題，及對弟姪輩期望之意。	〈初編〉年代誤爲一九〇五年，據吳天任《年譜》改。

101	致飲冰室主人手札	光緒三十年七月四日	北京圖書館藏。見吳天任《年譜》。	略言病況及政治主張與諸子學術問題，謂「自是以往，守漸進主義，以立憲爲歸宿」。	
102	嘉應猶興會章程	光緒三十年	《警鐘日報》一九〇四年十月十九日		
103	與丁叔雅書	同前	見錢仲聯《年譜》引。	謂丁叔雅之「上策爲數年前夙志」。	〈初編〉未列，據錢仲聯《年譜》增列。
104	致楊徽五、黃簣孫書	光緒三十年十一月二十三日	見廣東語文學會近代文學研究會編《黃遵憲研究》一書。		

105	致飲冰室主人手札	光緒三十一年一月十八日（一九〇五）	北京圖書館藏。見錢仲聯《年譜》。	論維新黨今後方針，謂「當避其名而行其實」。	
106	與狄平子書	光緒三十一年一月	《平等閣詩話》引。	追述七年前在湘與譚嗣同觀平子所藏維摩說法圖卷事。	
107	與黃遵庚手札	光緒三十一年	見吳天任《黃公度先生傳稿》插頁。	敍東山初級師範學堂籌設之事。	
108	李母鍾太安人百齡壽序	？	見吳天任《年譜》附錄。	敍其畢生之勞。謂「吾行天下多矣，五部洲遊其四，二十三行省歷其九，未見其有婦女勞勞如此者」。	本篇之年代無法確定，姑列於此。〈初編〉未列。

附錄二　黃遵憲詩歌題材分類統計表

說　明

一、由於黃遵憲生活經驗豐富，故其詩作在題材上呈現出繽紛多樣的面貌，經歸納後可得十三類。其中或按詩題、或按內容、或按形式，雖然各類題材之間難免會有部份疊合或雷同，但基本上是以其題材上特殊偏重之處來加以歸類。

二、本表共有三種，以《人境廬詩草》六百四十首、《人境廬集外詩輯》（含《人境廬集外詩輯補遺》十二首）二百八十首，合計共九百二十首爲範圍。《日本雜事詩》二百首，因其史料價值大於文學價值，故不予論列。

三、《人境廬詩草》卷九，雖註明「古今體詩共一百三十六首」，但經查檢各種版本（如民國二十年上海商務印書館之線裝刻本《人境廬詩草》，六家不同出版社印行的錢仲聯《人境廬詩草箋注》等）均只得一百三十五首，不足一首，故整部《人境廬詩草》實得詩六百四十首。

(一)《人境廬詩草》題材分類統計表

題材 數目 體裁	五言絕句	七言絕句	五言律詩	七言律詩	五言古詩	七言古詩	合計	佔全部詩作比例
寫景詩		19	8	7	5		39	6%
詠物詩		9	3	1	10	12	35	5%
感懷詩		32	22	44		6	104	16%
紀事詩	4	44	37	42	13	10	50	23%
詠史詩	12	2		1		4	19	3%
議論詩		13		5	13	1	37	6%
酬贈詩		10	5	39	3	6	60	9%
行旅詩		18	2	11	1	2	44	7%
思友詩		81	12	6	3		96	15%
送別詩		3	6	8	4	2	17	3%
閨情詩		11		1	3	2	17	3%
哀輓詩		10	1	4	6	1	22	4%
實用詩								0
合計	16	252	97	171	60	46	640	

(二)《人境廬集外詩輯》題材分類統計表

題材數目／體裁	五言絕句	七言絕句	五言律詩	七言律詩	五言古詩	七言古詩	合計	佔全部詩作比例
寫景詩		10	1			6	17	6%
詠物詩					3	1	4	2%
感懷詩		7	7	15	1		30	11%
紀事詩	2	16	5	5	1	2	31	11%
詠史詩		3					3	1%
議論詩		12					12	4%
酬贈詩		2	5	8	14	1	30	11%
行旅詩		2		3		1	6	2%
思友詩		2	5	2			9	3%
送別詩		2	1	4	3		10	4%
閨情詩		57					57	20%
哀輓詩	1			9	1		11	4%
實用詩			7			53	60	21%
合計	3	113	31	46	23	64	280	

㈢黃遵憲詩歌題材分類統計表

題材　數目　體裁	五言絕句	七言絕句	五言律詩	七言律詩	五言古詩	七言古詩	合計	佔全部詩作比例
寫景詩		29	9	7	5	6	56	6%
詠物詩		9	3	1	13	13	39	4%
感懷詩		39	29	59	1	6	134	15%
紀事詩	6	60	42	47	14	12	181	20%
詠史詩	12	5		1		4	22	2%
議論詩		25	5	5	13	1	49	5%
酬贈詩		12	7	47	17	7	90	10%
行旅詩		20	12	14	1	3	50	5%
思友詩		83	11	8	3		105	11%
送別詩		5	1	12	7	2	27	3%
閨情詩		68		1	3	2	74	8%
哀輓詩	1	10	1	13	7	1	33	4%
實用詩			7			53	60	7%
合計	19	365	127	215	84	110	920	

徵引及參考書目

壹、專著部份

(一)
人境廬詩草　黃遵憲著　上海　商務印書館　民國二十年
人境廬集外詩輯　黃遵憲著　北京大學中文系近代詩研究小組編　北京　中華書局　一九六〇年
日本雜事詩　黃遵憲著　新嘉坡　賴伯陶針筆鈔寫油印本　一九五七年
日本國志　黃遵憲著　台北　文海出版社　民國七十年
黃遵憲與日本友人筆談遺稿　鄭子瑜、實藤惠秀編校　台北　文海出版社　近代中國史料叢刊續編第十輯
人境廬詩草箋注　黃遵憲著　錢仲聯箋注　台北　源流出版社　民國七十二年（同書臺灣尚有河洛、世界、商務等家印行，大陸則有上海古籍出版社印行）

黃遵憲　島田久美子選注　東京　岩波書店　昭和三十三年（一九五八）　收入吉川幸次郎、小山環樹編《中國詩人選集》第二輯十五冊
黃遵憲詩選　鍾賢培等選注　廣東　人民出版社　一九八五年
黃遵憲詩選注　劉世南選注　上海　古籍出版社　一九八六年
黃遵憲詩選　李小松選注　台北　遠流出版社　民國七十七年台灣初版
日本雜事詩廣注　鍾叔河注　湖南　人民出版社　一九八一年
黃遵憲傳　麥若鵬著　上海　古典文學出版社　一九五七年
黃公度先生傳稿　吳天任著　香港　中文大學　一九七二年
黃遵憲　楊天石著　上海　人民出版社　一九七九年
清黃公度先生遵憲年譜　吳天任著　台北　商務印書館　民國七十四年
黃遵憲及其文學　陳乃琛著　香港　學津出版社　一九八一年
黃遵憲與近代中國　鄭海麟著　北京　三聯書店　一九八八年
黃遵憲詩評論（附年譜）　錢仲聯輯　台北　文海出版社　近代中國史料叢刊第九十六輯
人境廬叢考　鄭子瑜編　新嘉坡　商務印書館　一九五七年
黃公度詩之研究　嚴貴德　台北　政治大學六十七年碩士論文
黃公度詩研究　李根志　香港　新亞書院七十二年碩士論文

(二)

漢魏六朝百三家集　張溥編　台北　世界書局　民國七十七年影印摛藻堂四庫全書薈要
清詩匯（晚晴簃詩匯）　徐世昌編　台北　世界書局　民國五十年
清詩三百首　錢仲聯選　錢學增注　山東　岳麓書社　一九八五年
近代詩鈔　陳衍編　上海　商務印書館　民國十二年
中國歷代哲學文選（清代近代）　台北　木鐸出版社　未註明編者及日期
王子安集　王勃著　台北　商務印書館　民國六十五年
杜詩鏡銓　杜甫著　楊倫箋注　台北　里仁書局　民國七十年
韋蘇州集　韋應物著　台北　中華書局　四部備要集部
梅堯臣集編年校注　梅堯臣著　朱東潤校注　台北　源流出版社　民國七十二年
遺山詩集　元好問著　上海　中華書局　四部備要集部
遜志齋集　方孝儒著　台北　商務印書館　四部叢刊集部
明夷待訪錄　黃宗羲著　台北　世界書局　民國四十八年
亭林詩文集　顧炎武著　台北　商務印書館　四部叢刊集部
日知錄集釋　顧炎武著　黃汝成集釋　同前
甌北全集　趙翼著　清嘉慶間湛貽堂刻本

定盦文集　龔自珍著　台北　商務印書館　四部叢刊集部
龔自珍文選注　唐文英選注　上海　古籍出版社　一九八九年
海國圖志　魏源著　台北　成文出版社　民國五十六年
郭侍郎（嵩燾）奏疏　王先謙編　台北　文海出版社　近代中國史料叢刊第十六輯
李文忠公（鴻章）全集　吳汝綸編　同前第七十輯
翁文恭公日記　翁同龢著　台北　商務印書館　民國六十二年
湘綺樓文（詩）集　王闓運著　台北　文海出版社　近代中國史料叢刊第六十輯
張文襄公（之洞）全集　王樹枏編　同前第四十九輯
扶桑遊記　王韜著　同前第六十二輯
弢園尺牘　王韜著　同前續編第一百輯
出使英法義比四國日記　薛福成著　台北　文海出版社　近代中國史料叢刊第十二輯
出使公牘　薛福成著　同前第八十一輯
庸庵文編　薛福成著　同前第九十五輯
盛世危言增訂編　鄭觀應著　台北　學生書局　民國五十四年
庸書　陳熾著　台北　台聯國風出版社　民國五十九年
嚴幾道詩文鈔　嚴復著　蘇貞金輯　台北　文海出版社　近代中國史料叢刊第四十二輯

嶺雲海日樓詩鈔　丘逢甲著　台北　衆文圖書公司　台灣文獻叢刊第一輯　民國六十八年影印版
南海先生詩集　康有爲著　梁啓超手鈔　香港影印本　一九六六年
小方壺輿地叢鈔　王錫祺輯　台北　學生書局　民國六十五年
使東述略（附雜詠）　何如璋著　台北　文海出版社　近代中國史料叢刊第五十九輯
茶陽三家文鈔　溫廷敬著　同前第三輯
校邠廬抗議　馮桂芬著　同前第六十二輯
戊戌履霜錄　胡思敬著　同前第四十五輯
飲冰室合集　梁啓超著　林志鈞編　上海　中華書局　內分文集十六册、專集二十四册　民國三十年
譚嗣同全集　譚嗣同著　台北　華世出版社　民國六十六年
章太炎政論選集　湯志鈞編　北京　中華書局　一九七七年

㈢

藝術的奧祕　姚一葦著　台北　開明書店　民國五十七年
中國美學的巨擘　葉朗著　台北　金楓出版公司　民國七十六年
修辭學　黃師慶萱　台北　三民書局　民國六十四年
字句鍛鍊法（增訂本）　黃永武著　台北　洪範書店　民國七十五年

中國近代文論選　郭紹虞主編　台北　木鐸出版社　民國七十一年
文學理論資料匯編　華諾文學編譯組編　台北　華諾公司出版　民國七十四年
文學詞典　文强堂編輯部編　台北　文强堂出版社　民國七十五年
詩學　張正體、張婷婷著　台北　商務印書館　民國六十四年
中國詩學（四册）　黃永武著　台北　巨流圖書公司　民國六十五年
中國詩學　劉若愚著　杜國清譯　台北　幼獅文化公司　民國六十六年
清代詩學初探　吳宏一著　台北　學生書局　民國七十五年
詩與美　黃永武著　台北　洪範書店　民國七十三年
詩論與詩紀　鄭子瑜著　台北　華中書局　未註明出版日期
中國新詩研究　瘂弦著　台北　洪範書店　民國七十年
青紅皂白——中國古典詩歌中的色彩　蕭水順著　台北　故鄉出版社　民國六十八年
滄浪詩話校釋　嚴羽著　台北　河洛圖書出版社　民國六十八年
苕溪漁隱叢話（前後集）　胡仔著　台北　長安出版社　民國六十七年
清詩話　王夫之等撰　丁福保編　台北　木鐸出版社　民國七十七年
隨園詩話　袁枚著　台北　廣文書局影印本　民國六十年
甌北詩話　趙翼著　台北　木鐸出版社　民國七十一年

昭昧詹言　方東樹著　台北　廣文書局　民國五十一年
湘綺樓說詩　王簡編　台北　文海出版社　近代中國史料叢刊續編第三輯
石遺室詩話　陳衍著　台北　商務印書館　民國五十年
飲冰室詩話　梁啓超著　北京　人民文學出版社　一九五九年
談藝錄　錢鍾書著　台北　藍燈出版公司　民國七十六年
李義山詩析論　張淑香著　台北　藝文印書館　民國六十三年

(四)

中國文學發展史（校訂本）　劉大杰著　台北　華正書局　民國七十一年
晚清小說史　阿英著　香港　太平書局　一九六六年
中國俗文學史　鄭振鐸著　上海　上海書店　一九八四年
中國文學批評史　郭紹虞著　台北　明倫書局　民國六十七年
中國近代文學史　任訪秋主編　河南　河南大學出版社　一九八八年
五十年來中國之文學　胡適著　台北　遠流出版社　《胡適作品集》第八　民國七十五年
中國新文學史　司馬長風著　台北　影印一九五五年香港昭明出版社本　未註明出版社及日期
現代中國詩史　王志健著　台北　商務印書館　民國六十四年

同光風雲錄　邵鏡人著　台北　文海出版社　近代中國史料叢刊續編第九十五輯
光宣詩壇點將錄　汪國垣著　同前第三輯
文苑風雲二十年　陳敬之著　台北　暢流出版社　民國五十三年
中國近代文學作家論　任訪秋著　河南　人民出版社　一九八四年
夢苕庵清代文學論集　錢仲聯著　山東　齊魯書社　一九八三年
明清詩文研究資料集第一輯　錢仲聯主編　上海　古籍出版社　一九八六年
晚清文學思想之研究　李師瑞騰　台北　文化大學七十六年博士論文
石遺室詩話研究　楊淙銘　台北　台灣師範大學七十七年碩士論文

(五)

清史稿列傳　趙爾巽等撰　台北　明文書局　民國七十四年
籌辦夷務始末（道光朝）　文慶等纂　台北　文海出版社　近代中國史料叢刊第五十六輯
籌辦夷務始末（同治期）　寶鋆等修　同前第六十二輯
光緒朝東華續錄　朱壽朋纂修　王炳耀輯　台北　台灣銀行出版（台灣文獻史料叢刊第四輯）　民國七十二年
光緒嘉應州志　吳宗焯等修、溫仲和等纂　台北　梅縣同鄉會影印本　民國五十一年
清季中日韓關係史料　中央研究院近代史研究所編　台北　該所印行　民國六十一年

梁任公先生年譜長編初稿　丁文江編　台北　世界書局　民國四十七年

近代中國史事日誌（清季）　郭廷以編著　台北　自印　民國五十二年

清史　蕭一山著　台北　中國文化大學出版部　民國六十九年

清代史　孟森著　台北　正中書局　民國四十九年

近代中國史綱　郭廷以著　香港　中文大學　一九八〇年

劍橋中國史（晚清篇）　張玉法主譯　台北　南天書局　民國七十六年

中國近代史簡編　黃敬華著　台北　滄浪出版社　民國七十六年

中國近代史話初集　左舜生著　台北　文星書店　民國五十五年

戊戌變法史論叢　湯志鈞著　台北　谷風出版社　民國七十五年

日本近現代史講座　萬峯、沈才彬編　甘肅　人民出版社　一九八七年

清代學術發展史　黃建斌著　台北　幼獅書店　民國六十三年

晚清政治思想史論　王爾敏著　台北　自印　民國五十八年

中國近代思想史論　王爾敏著　台北　華世出版社　民國六十六年

近代中國思想人物論（五冊：晚清思想、民族主義、保守主義、社會主義、自由主義）　周陽山、楊肅獻編　台北　時報出版公司　民國七十四年

清末的公羊思想　孫春在著　台北　商務印書館　民國七十四年

中國近代經濟思想簡史　姚家華著　安徽　人民出版社　一九八五年

貳、單篇論文部份

日本雜事詩　周作人　香港《逸經》第三期
人境廬詩草　周作人　同前第二十五期
黃公度——戊戌維新運動的領袖　正先　同前第十期
晚清詩人黃遵憲　王瑤　《人民文學》一九五一年第四卷二期
對於《晚清詩人黃遵憲》的意見　任訪秋　《人民文學》一九五二年總二十七期
答任訪秋先生　王瑤　同前
黃遵憲詩歌中的民歌風格　黃鳴歧　《文史哲》一九五七年第六期
黃遵憲詩的新意境和舊風格　張仲浦　《杭州大學學報》一九六二年第一期
黃遵憲評傳　梁容若　台北《大陸雜誌》第三十一卷五期
黃遵憲研究專號　新嘉坡《南洋學報》第十七卷二輯　一九六三年
黃遵憲與梁啓超　王德昭　香港《新亞書院學術年刊》第十一期
黃遵憲的詩歌理論及創作實踐　黃海章　《學術研究》一九七八年第三期

黃遵憲的思想及其對梁啓超的影響　張朋園　台北《中研院近代史所集刊》第一期
黃遵憲的詩歌理論和《人境廬詩草》　吳劍青　《華南師院學報》　一九八〇年第三期
人境廬詩論簡議　張正吾　《中山大學學報》　一九八二年第三期
黃遵憲文學思想簡論　黃保真　《社會科學輯刊》　一九八三年第六期
黃遵憲小說見解述略　蔡景康　《廈門大學學報》　一九八三年增刊
黃遵憲及其日本研究　鍾叔河　收入《走向世界——近代知識份子考察西方的歷史》一書　北　京中華書局　一九八五年（台灣百川書局有一九八九年版）
維新派與晚清文學　王聿均　台北淡江大學第二屆「社會與文化」學術研討會發表論文
學古與創新——黃遵憲《人境廬詩草》評議　簡恩定　同前